JN215670

レモンさわやかクッキング

レモンのパワーはすごい！
おいしく取り入れて、
健康に生かしましょう。

　レモンというと、料理の添え物か、そうでなければ揚げものや焼き魚にかけるぐらいのものだと思っている人が多いのではないでしょうか。けれどレモンの活用範囲は、そんなものではありません。
　さわやかな香りと味は、ドレッシングやソースはもちろん、肉や魚の脂っこい料理にもぴったり。煮込み料理に使えばコクと旨味を引き出しますし、臭み消しとして、下ごしらえにも大いに活躍します。
　それから忘れてならないのが、レモンのもつ栄養と、その秘められたパワーについて。ビタミンCが豊富なことは、皆さんもよくご存じだと思いますが、酸味のもとであるクエン酸は「キレート作用」や「抗酸化作用」という、すごいパワーを発揮します。キレート作用というのは、私たちの体に不可欠なカルシウムや鉄分を、体内に摂り込みやすい状態にするはたらき。また、抗酸化作用とは、さまざまな病気のもとになる活性酸素を抑えるはたらきのことです。（P32参照）
　本書は、そんなレモンのパワーを活かすためのレシピ集です。レモンを使った料理というと、なんだか難しそうに思えるかもしれませんが、いつものドレッシングやソース、料理の仕上げに、レモン果汁をちょっと加えるだけでもいいのです。気負わず気軽に毎日の食事にレモンを取り入れて、ご家族の健康をおいしく強化してください。

　　　　　　　　　　　　　　　　　　　　　　　　　赤堀博美

Contents

◆ レモンを使うと効果的 4

Part 1 毎日の食卓に レモンのごちそう

【炒めもの・焼きもの／脂っこさをさっぱりと】
鶏肉のレモンジンジャー焼き 6
鶏チーズホイル焼き 8
イカのレモン味噌炒め 10
エビと香菜のにんにくレモン炒め 12
キャベツとレモンのアンチョビー炒め 14
鰤のレモンはちみつ照り焼き 15

【煮込み料理／コクと旨味を引き出すために】
夏野菜と牛肉のレモン煮 16
豚肉のレモンティー煮 18
豚ヒレ肉のレモンクリーム煮 19

【揚げもの／下ごしらえにも大活躍するレモンの味と香り】
鯵の巻き巻き揚げ 20
ミラノ風カツレツ 22
砂肝のから揚げ　レモン風味 23

【ソース＆タレ／レモンの風味でさっぱりメニューをどうぞ】
茹でシーフード　クコの実レモンソース 24
サーモンの生春巻き　レモンソース 26
白身魚のエスニック 28

【和えもの／ほのかな香りと酸味で食欲そそる】
鯵のたたきレモン風味 30
鶏ささみと明太子のレモン和え 31

◆ 秘められたレモンの栄養とパワー 32

Part2 レモンが決め手のデザート・ドリンク・作り置きの一品

【サラダ&マリネ／すがすがしい味と香りで新鮮な素材を引き立てる】
＜Spring＞筍と菜の花の中華サラダ 34
かぶとレモンのサラダ ビールドレッシング 36
新ごぼうのシャキシャキエスニカン 38
リンゴとアーモンドのパリパリサラダ 39
＜Summer＞タコとトマトのレモンサラダ 40
牛ステーキ肉と夏野菜のレモン香マリネ 42
レモンサラダスープ 44
焼パプリカの3色マリネ 45
＜Autumn＞イエローサラダ 46
きのこたっぷりレモンマリネ 48
カラフル野菜のお漬物 49
＜Winter＞レモンと白菜のサラダ 50
エリンギとねぎのレモンつゆマリネ 52
牛タンと水菜のサラダ 54
カニとブロッコリーのサラダ 55
◆ 簡単！レモンのドレッシング 56

【米・パスタ・スープ／お馴染みメニューもレモン風味でちょっとおしゃれに、さわやかに】
白身魚のクリームパスタ 58
ルッコラのレモンピザ 60
ナムル丼 62
レモンリゾット 64
エスニックチャーハン 66
ぶっかけうどん 68
レモンポタージュ 69

◆ レモンの活用法あれこれ 70

【デザート／甘さが口に残らず後味すっきり】
レモンたっぷりレアチーズケーキ 72
レモンシフォンケーキ 74
レモンスイートポテト 76
レモンムース ティラミス風 78
どられもん 80
レモン杏仁 81

【ドリンク／冷たいものは清涼感を一層増し、温かいものは体を芯から温める】
＜COLD＞
トマトレモンミックスジュース 82
抹茶レモン 84
ジュレモンティー 85
＜HOT＞
ホットレモンジャム割り 86
ピンクレモネード ローズヒップ 87

【作り置き／料理をさわやかに引き立てる】
プルーンのレモンティー煮 88
手作りカッテージチーズ 89
レモンバター／レモンジャム 90
はちみつレモン 92
レモンのお酒 93

◆ 地中海の健康的食生活とレモン 94

レモンを使うと効果的

レモンを料理に取り入れると、味や香りが良くなるだけでなく、いろいろなメリットがあります。

- ### 減塩効果
  レモンの酸味（クエン酸）には、料理の味を引き締め、食材の香りや味を際立たせる効果があります。またレモンを使うと塩味も増強されるため、少ない塩分でも料理をおいしく楽しめるのです。
  さらに、レモンに含まれるカリウムには、ナトリウムを体外に排出する作用があるので、実質的に塩分が抑制できるという減塩効果もあります。

- ### 食欲を増進し、消化吸収を助ける
  レモンに含まれる酸味と香りが唾液の分泌を促し、食欲を増進させるうえ、クエン酸は胃にはたらきかけ、消化促進にも役立ちます。

- ### 消臭効果
  レモンに含まれるリモネンという成分には、魚の臭みなどを消す「マスキング」効果があり、肉や魚介類の下ごしらえにも活躍します。

- ### 肉を柔らかく、おいしく仕上げる　→　P6参照

- ### 抗菌効果　→　P42参照

- ### アク抜き
  ごぼう、れんこん、うどなどのアク抜きは、酢水の代わりに、レモン果汁を入れた水でもできます。

- ### 色止め効果
  変色を防ぐため、リンゴなどをよく塩水に浸しますが、レモンにも同じ効果があります。これは、レモンに含まれる酸の働きによりpH（水素イオン濃度）が低下し、酵素の活性が抑えられることによるものです。
  リンゴやバナナ、じゃがいも、ごぼうなどに直接レモン果汁を振ったり、レモン水に浸しておくと、褐色化を防ぎ、色をきれいに保ちます。

Part 1
毎日の食卓に レモンのごちそう

　肉、魚、野菜と、どんな食材とも相性の良いレモン。酸味を効かせたり、隠し味に使ったり、さわやかな味つけに仕上げたりと、使い方次第でレパートリーも拡がります。

鶏肉のレモンジンジャー焼き

レモンとしょうがのタレに漬け込めば、
肉の臭みがとれ、柔らかく仕上がります。

材料（4人分）

鶏もも肉　2枚
A┌レモン果汁　大さじ3
　├おろししょうが　大さじ2
　└塩・こしょう　各少々
グリーンアスパラガス　8本
サラダ油　大さじ1
塩・こしょう　各少々
しょうが　1片
サラダ油　1/4カップ
しょうゆ　大さじ1

作り方

① 鶏肉は皮目をフォークで数ヵ所刺して、Aを合わせたタレに漬けて下味をつけておく（写真）。
② アスパラガスは、はかまを落とし、フライパンに油を熱してソテーし、塩・こしょうする。
③ しょうがは薄切りにして、フライパンにサラダ油を熱し、こげないように炒める。
④ ③のフライパンに①の汁気を切って皮目を下にして並べ、フタをして弱火でじっくりと焼く。ほぼ火が通って焼色がついたら、裏返して焼く。
⑤ ④に①の漬けダレを加え、鶏肉にからめながら汁気がなくなるまで焼き、最後にしょうゆを回しかける。食べやすい大きさに切り、皿に盛って③を散らし、②を添える。

Column
レモンが肉をおいしくする

　肉をレモン果汁に漬けたり煮込んだりすると、pHが下がって酸性になります。そうすると、肉に含まれる酸性プロテアーゼというタンパク質を分解する酵素のはたらきが活発になるため、肉が柔らかくなるのです。また、保水性が高まるので、しっとりと仕上がり、さらにタンパク質が分解されることでアミノ酸が増え、おいしさもアップします。

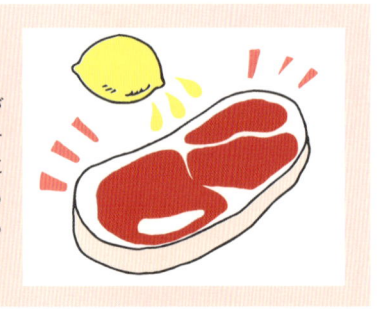

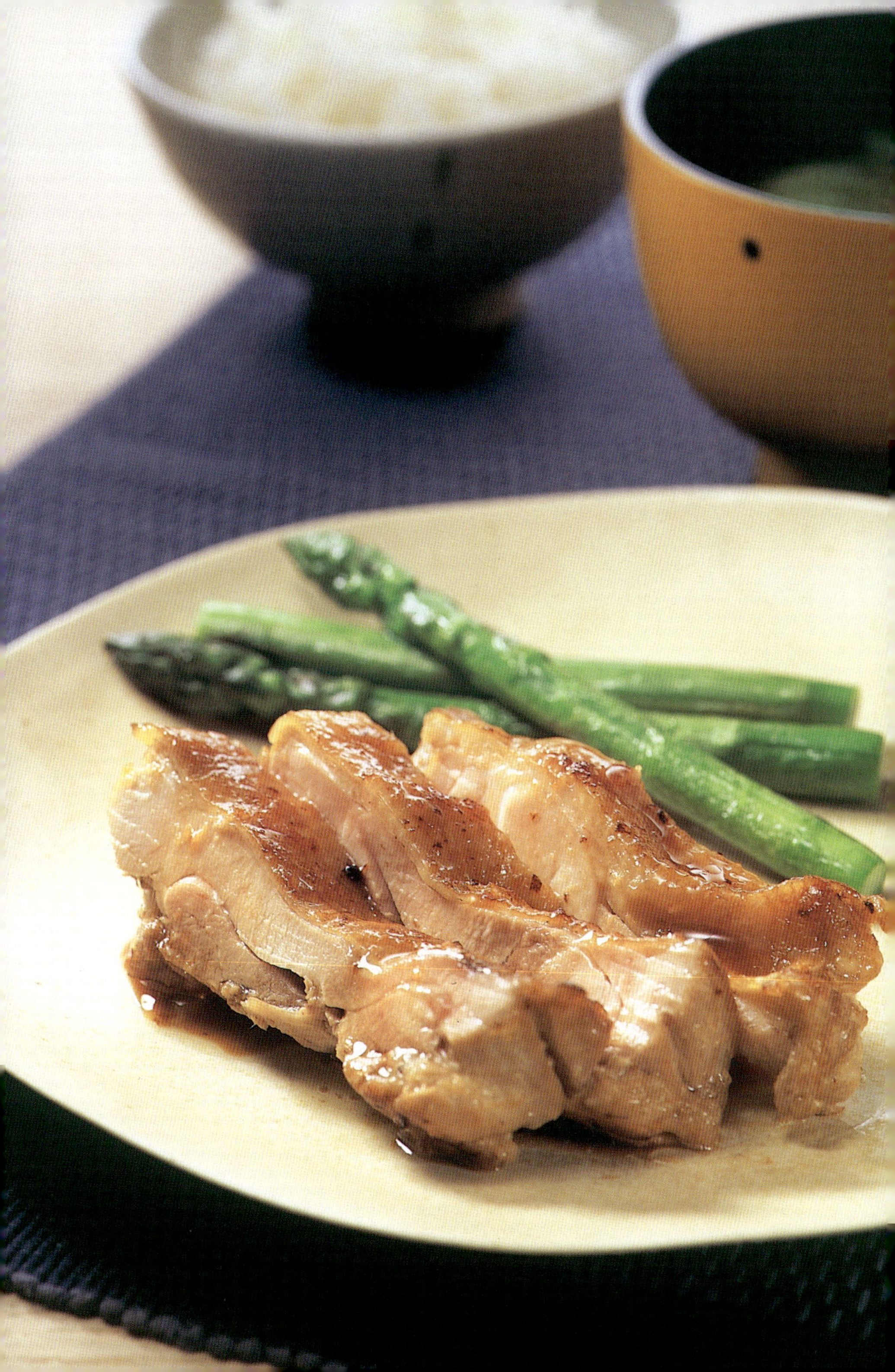

〈炒めもの・焼きもの〉──脂っこさをさっぱりと

鶏チーズホイル焼き

観音開きにした鶏肉で、香りと旨みを包み込みます。
薄く切り分けて食べましょう。

材料（4人分）

鶏胸肉　2枚
塩・こしょう　各少々
ローズマリー　4枝
モッツァレラチーズ（ハードタイプ）50g
生ハム　4枚
レモン　1個
白ワイン　大さじ2

作り方

① 鶏肉は観音開きにして、両面に塩・こしょうをする。
② ローズマリー・生ハム・薄切りにしたモッツァレラチーズの順に重ね、開いた鶏肉を閉じる（写真）。
③ 広げたホイルの上に②をのせ、輪切りにしたレモンを並べ、白ワインを振ってホイルで包む。
④ オーブントースターに入れ20分焼く。

Cooking Memo

レモン果汁は長時間加熱すると風味が損なわれやすいので、レモン果汁で調理する場合には、食べる直前にもレモン果汁を少しかけるといいでしょう。

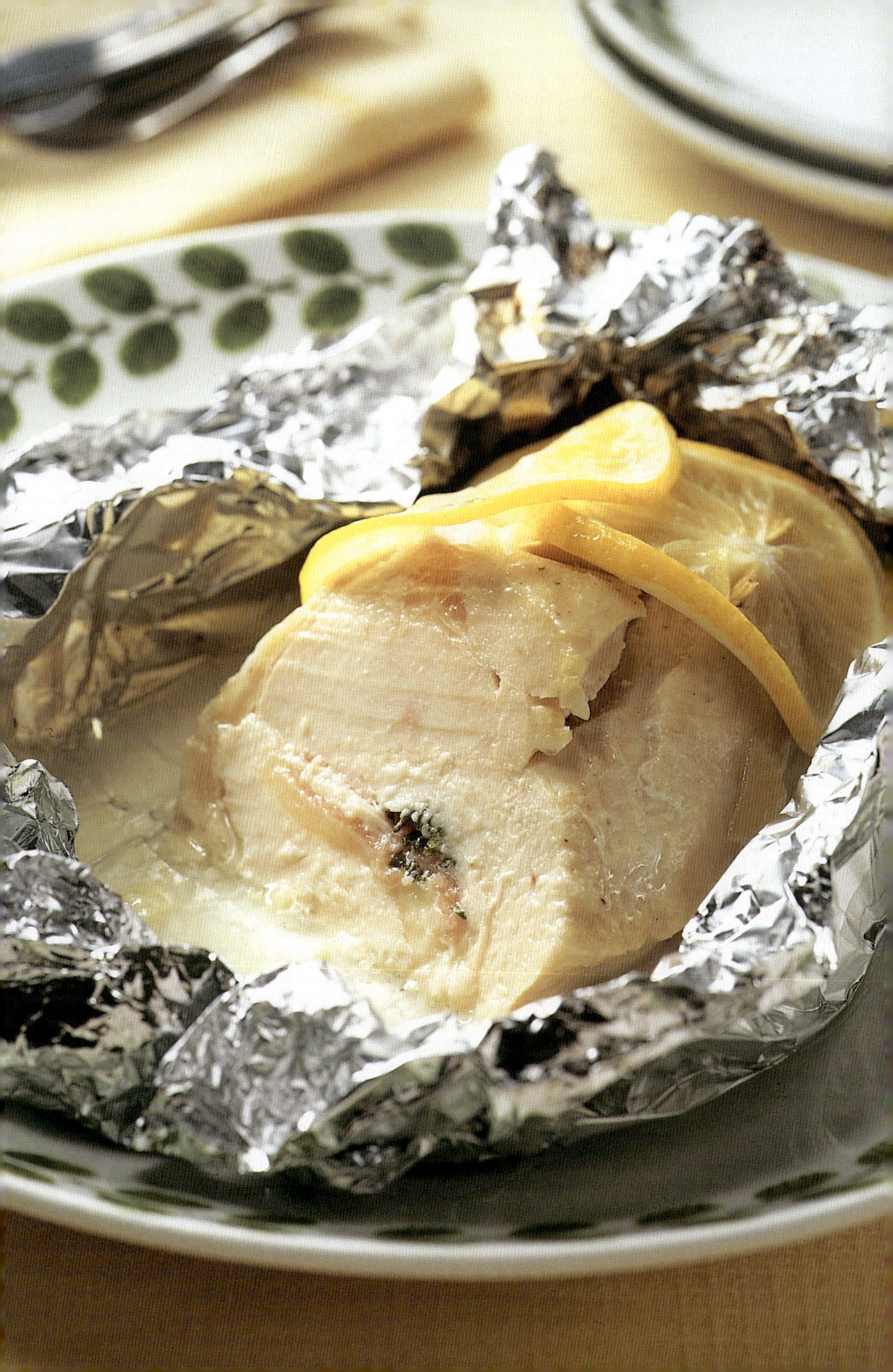

イカのレモン味噌炒め

火を通し過ぎるとイカが固くなるので、手早く炒めましょう。
ワタでコクが出るので、レモンを入れてさっぱりと仕上げます。

材料（4人分）

- イカ　2杯
- 小松菜　1束
- にんにく　1片
- イカのワタ　1杯分
- A ┬ レモン果汁　大さじ1
　　├ 味噌　大さじ1
　　├ しょうゆ　小さじ1
　　└ 砂糖　小さじ1
- サラダ油　大さじ1
- 七味唐辛子　適宜

作り方

① イカはワタと軟骨を除き（写真）、胴は1cm幅の輪切り、足は足先を切り落として2本ずつに切り分ける。
② ワタは薄皮をむいて取り出し、Aを混ぜ合わせる。
③ 小松菜は3cm長さに切る。にんにくはみじん切りにする。
④ フライパンに油とにんにくを入れて火にかけ、香りが立ったら①のワタ以外を入れてさっと炒める。小松菜を加えて炒めたら、②を加えてさらに炒める。全体に火が通ったら器に盛り、お好みで七味唐辛子を振る。

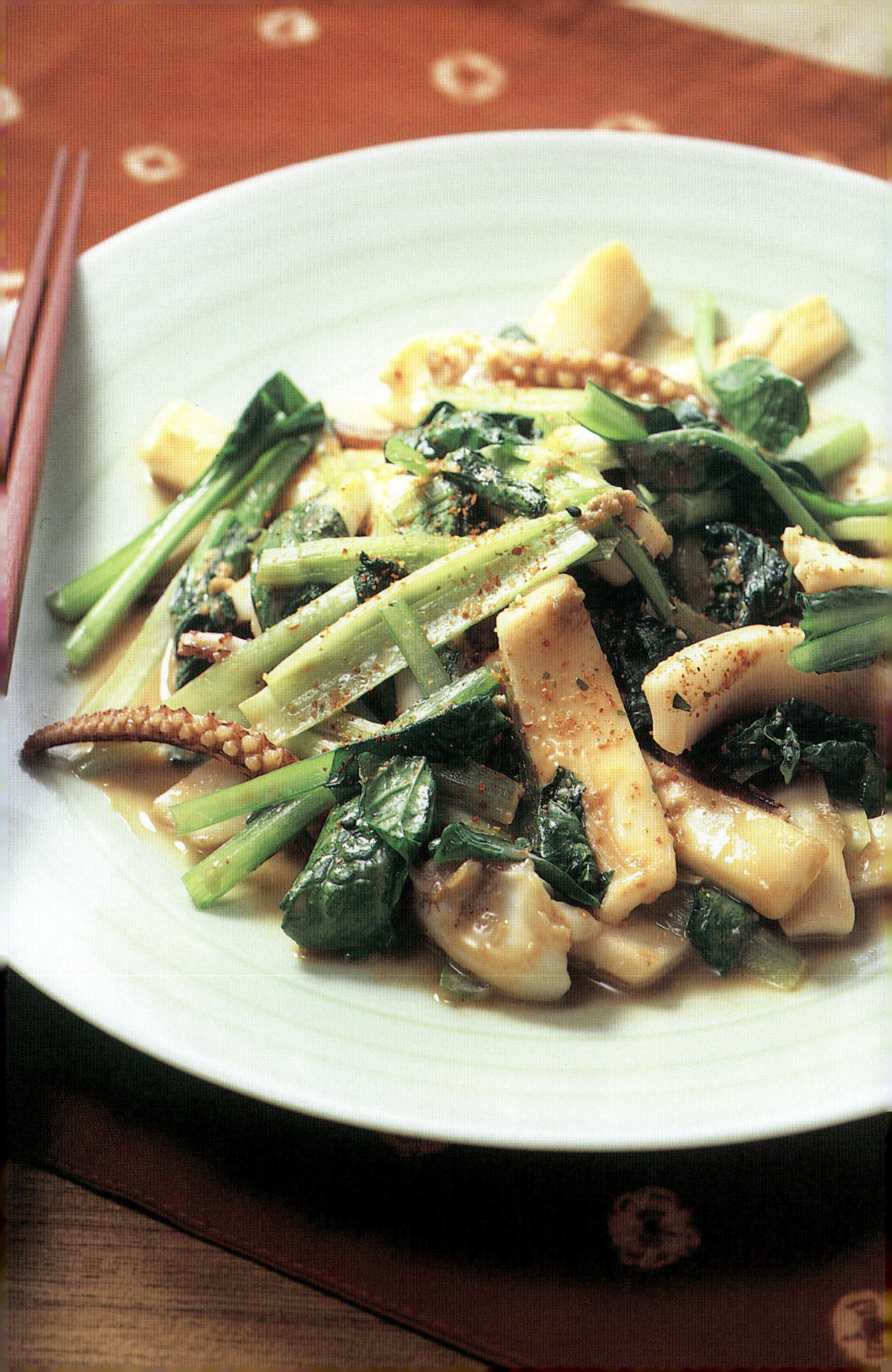

〈炒めもの・焼きもの〉── 脂っこさをさっぱりと

エビと香菜(シャンツァイ)の にんにくレモン炒め

強火で一気に火を通して仕上げるのがコツ。香菜が苦手な人は、入れなくても充分、おいしく作れます。辛いのがお好みなら、豆板醤を入れてもいいでしょう。

材料（4人分）

エビ（中）　16尾
香菜　1束
もやし　1袋
にんにく　1片
A ┌ 酒　1/4カップ
　├ レモン果汁　大さじ1
　└ 塩　小さじ1/2
サラダ油　大さじ2
B ┌ レモン果汁　大さじ2
　├ しょうゆ　大さじ1
　├ 酒　大さじ1
　├ こしょう　少々
　└ 砂糖　小さじ1/2

作り方

① エビは背ワタを取って鍋に入れ、Aを入れてフタをし、蒸し煮にする。火が通ったら殻をむく。
② 香菜は4cm長さに切る。
③ フライパンに油とにんにくのみじん切りを熱し、香りが出たら①②ともやしを炒め、Bを加えて味をととのえる。

食材Memo「香菜」

別名を中国パセリともいい、その独特の強い香りから、好き嫌いの分かれる野菜。魚や肉の臭みを消し、後味をさっぱりさせてくれます。東南アジアや中国南部の料理には、欠かせない食材です。

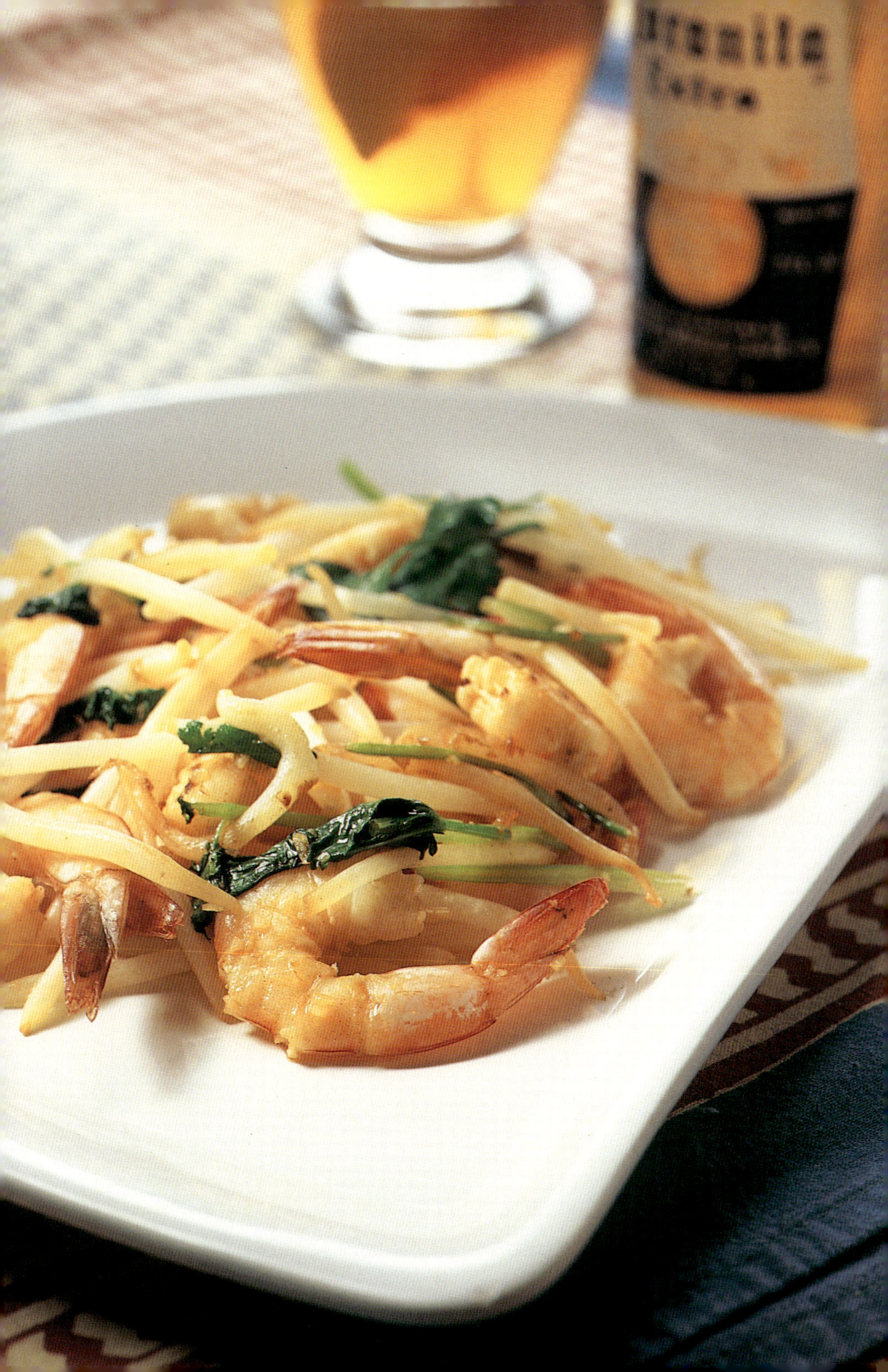

キャベツとレモンのアンチョビー炒め

強火でサッと炒めて、素材に油が馴染んだところで、レモン果汁を加えましょう。レモン果汁は火を通し過ぎないのが、香りを活かすコツです。

材料（4人分）

- レモン　1/2個
- レモン果汁　大さじ1
- キャベツ　1/2個
- アンチョビー　4切
- オリーブオイル　大さじ1
- 赤唐辛子　1本
- 塩・こしょう　各少々
- にんにく　1片

作り方

① レモンは5mm厚さのイチョウ切り、キャベツは一口大に切る。

② にんにくはスライスして芯を取って、アンチョビーは粗く手でほぐす。赤唐辛子はぬるま湯で戻し種を取って、小口切りにする。

③ フライパンにオリーブオイルとにんにく・赤唐辛子を入れて火にかけ、香りを移してアンチョビーを加える。

④ ③に①を入れて炒め、全体にオリーブオイルがまわったら、レモン果汁を加えて塩・こしょうで味をととのえる。

鰤のレモンはちみつ照り焼き

脂ののった鰤が、さっぱり食べられます。レモン果汁とはちみつの代わりに、はちみつレモン（P92参照）を使ってもおいしく作れます。

材料（4人分）

鰤　4切れ
塩　少々
A ┌ レモン果汁　大さじ1
　├ はちみつ　大さじ3
　└ しょうゆ　大さじ5
ししとう　4本
レモン　1/2個分
サラダ油　大さじ1

作り方

① 鰤は塩を振り15分ほど置く。
② Aを合わせた汁に①を入れ、両面を漬け込む。
③ フライパンに油を熱し、②を色良く焼く。②の汁を加え、フライパンをゆすりながら汁気が少なくなるまで火にかけ、照りを出す。
④ ③を皿に盛り、焼いたししとう・半月にスライスしたレモンを添える。

〈煮込み料理〉——コクと旨味を引き出すために

夏野菜と牛肉のレモン煮

水は加えず、野菜の汁気とレモンだけで煮込む、サッパリ味のメニュー。
栄養もたっぷりなので、食欲のないときにもおすすめです。

材料（4人分）

きゅうり　1本
黄パプリカ　1個
セロリ　1本
トマト　3個
オクラ　8本
牛ヒレ肉（かたまり）300g
塩・こしょう　各少々
サラダ油　大さじ2
A ┬ レモン果汁　1/4カップ
　├ 味噌　大さじ2
　├ しょうゆ　小さじ1
　└ 酒　大さじ1

作り方

① きゅうりとパプリカは乱切り、セロリは斜め切り、トマトはくし形に切る。
② オクラは塩少々を振って産毛をこすりとり（写真）、さっと茹でて斜め半分に切る。
③ 牛肉は一口大に切り、塩・こしょうしておく。
④ 鍋に油を熱し、③を炒め、表面を焼きつけたら①を加え、炒め合わせる。
⑤ ④にAを加え、10分ほど煮て②を加え、器に盛る。

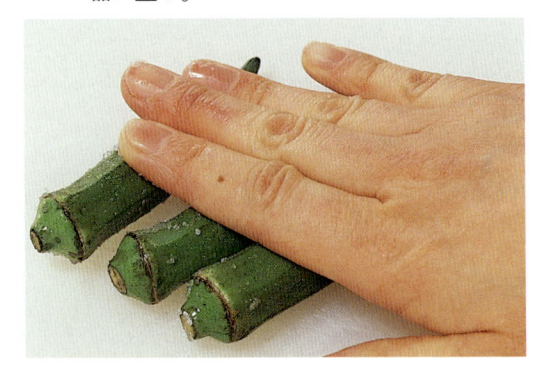

Column
スポーツの後はレモンを食べよう！

激しい運動をすると、たくさん摂取される酸素の一部から、活性酸素が発生し、体内が酸化して、老化や病気を引き起こすといわれています。レモンに含まれるビタミンCやエリオシトリンという成分には、酸化を防ぐ抗酸化作用があるため、スポーツの後には、レモンがおすすめ。またレモンに多く含まれるクエン酸には疲労回復効果もあります。

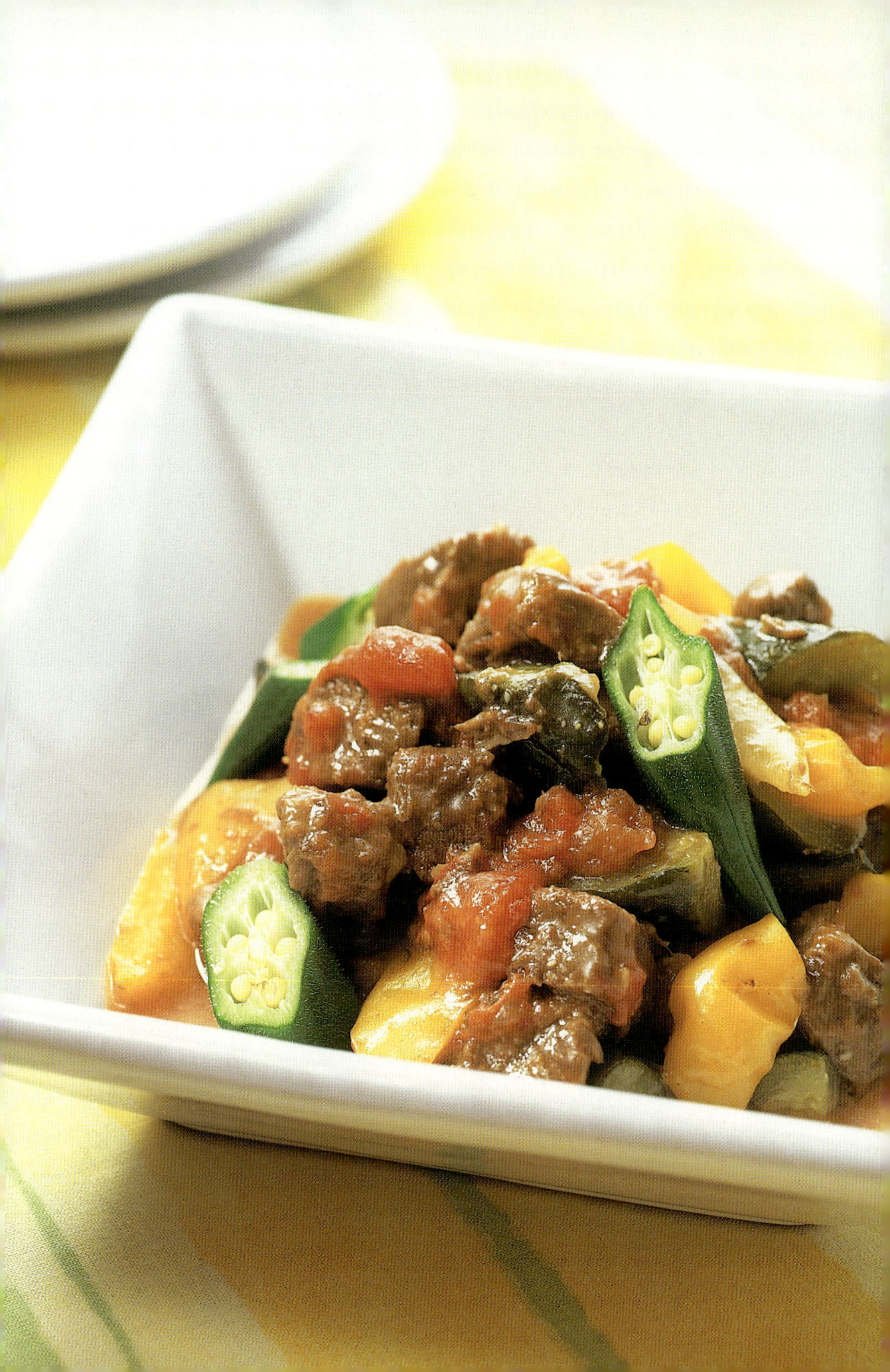

〈煮込み料理〉——コクと旨味を引き出すために

豚肉のレモンティー煮

レモンの酸味は、淡泊な豚肉の味とぴったり。
かたまり肉の旨みを活かしながら、柔らかく仕上げる効果もあります。

材料（4人分）

豚肩ロース肉（かたまり） 600g
A ─ 紅茶　5カップ
　 └ レモン（スライス）1個
B ─ 紅茶　1カップ
　 │ レモンジャム　120g
　 │ 　　　　　（P90参照）
　 └ しょうゆ　1/3カップ
C ─ レモン果汁　小さじ1
　 └ DITA（ライチリキュール）
　　　　　　　　大さじ1

作り方

① 豚肉はたこ糸で縛り（写真）、たっぷりの水が入った鍋で茹でて、一度茹でこぼす。
② 鍋に①とAを入れて火にかけ、30〜40分煮る（竹串をさして赤い汁が出なくなるまで）。煮汁につけたまま、粗熱をとる。
③ 小鍋にBを入れて火にかけ、中火で10分ほど煮る。火を止め、仕上げにCを加える。

豚ヒレ肉のレモンクリーム煮

ホワイトソースにレモンを加えると、濃厚ななかにもほのかな酸味でさっぱり仕上がります。煮込む前に肉の表面を焼いて、旨みを閉じ込めるのがポイントです。

材料(4人分)

豚ヒレ肉　300g
塩・こしょう　各少々
マッシュルーム　80g
玉ねぎ　1個
さやいんげん　12本
サラダ油　大さじ1
バター　大さじ3
小麦粉　大さじ3
レモン果汁　1/3カップ
A ┌ スープ　1/2カップ
　 └ 生クリーム　1カップ
塩・こしょう　各少々

作り方

① 豚肉は1cm厚さに切り、塩・こしょうしておく。
② マッシュルームと玉ねぎは薄切り、さやいんげんは半分の長さに切る。
③ フライパンに油を熱し、①を両面焼いて取り出す。
④ ③のフライパンにバターを熱し、②を加えて炒める。小麦粉を加えてさらに炒め、Aを少しずつ加える。
⑤ ④にレモン果汁を加え、塩・こしょうで味をととのえる。

〈揚げもの〉 — 下ごしらえにも大活躍するレモンの味と香り

鯵(あじ)の巻き巻き揚げ

3枚におろした鯵にアボカドと大葉を巻いて揚げました。
下味とつゆにレモン果汁を使えば、味も香りもアップします。

材料（4人分）

鯵　2尾
塩・こしょう　各少々
アボカド　1/2個
大葉　4枚
A ─ レモン果汁　大さじ1/2
　 └ 酒　大さじ1
B ─ 冷水　　　　　　┐合わせて1カップ
　 └ 溶き卵1個分　┘
小麦粉　1 1/2カップ
C ─ 天つゆ　適宜
　 └ レモン果汁　適宜
揚げ油　適宜

作り方

① 鯵は3枚におろし皮をひいて塩・こしょうする。
② Aを合わせ、①を漬け込む。
③ 鯵を縦半分に切り、大葉と1.5cmの厚さに切ったアボカドをのせ、端から巻いて爪楊枝で止める（写真）。
④ ボウルにBを入れ、小麦粉を加えて軽く混ぜる。
⑤ ③を④につけ、中温（170度）の油で揚げる。お好みで混ぜ合わせたCをつけて食べる。

Column
レモンで骨粗しょう症を予防

　骨がスカスカになり、もろくなってしまう「骨粗しょう症」。その予防にカルシウムが良いことは知られていますが、実はカルシウムは、そのままの形では、体内に吸収されにくい性質をもっています。そこで活躍するのがレモン。レモンに多く含まれるクエン酸は、カルシウムなどのミネラルを吸収しやすくするはたらきがあるのです。（詳しくはP32参照）

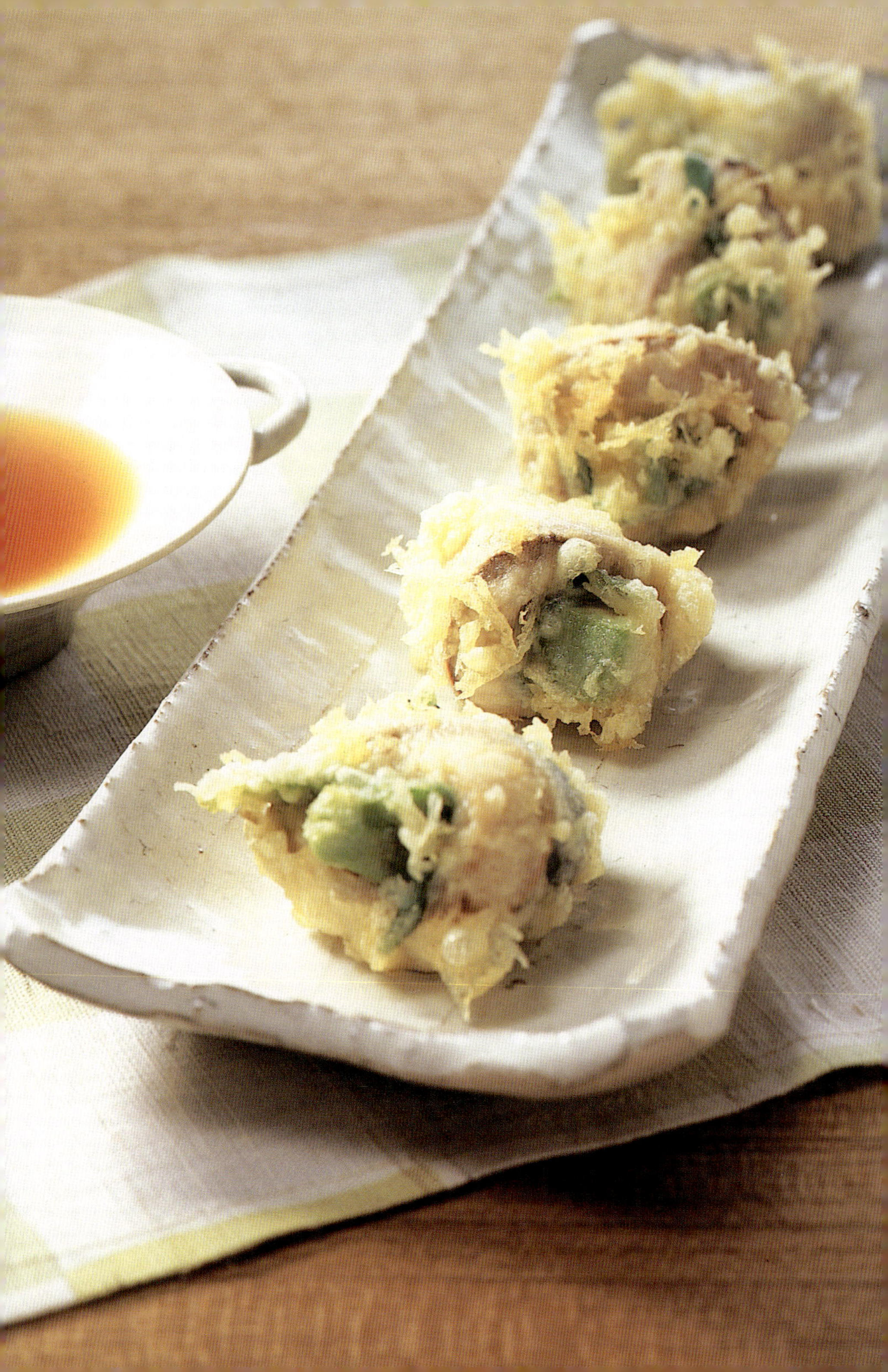

〈揚げもの〉 — 下ごしらえにも大活躍するレモンの味と香り

ミラノ風カツレツ

薄く伸ばした牛肉で作るカツレツには、レモン風味のバターを添えて。
コクとさわやかな後味が、同時に楽しめます。

材料（4人分）

牛ロース肉　100g×4切れ
塩・こしょう　各少々
レモン果汁　少々
小麦粉　大さじ3〜4
溶き卵　1個分
パン粉　1 1/2カップ
パルメザンチーズ　大さじ4
サラダ油　大さじ2
バター　大さじ3
レモンバター　適宜（P90参照）
小玉ねぎ　8個
A ┬ スープ　1カップ
　├ 赤ワイン　1/2カップ
　└ 塩・こしょう　各少々
クレソン　適宜

作り方

① 牛肉はラップで挟み肉たたきでたたいて薄く伸ばし、塩・こしょう・レモン果汁を振っておく。
② ①に小麦粉・溶き卵・パン粉とパルメザンチーズを合わせたものを順につけ、包丁で押さえて格子模様をつける（写真）。
③ フライパンに油とバターを熱して②を入れ、両面をこんがりと焼く。
④ 小玉ねぎは皮をむいてAで柔らかく煮る。
⑤ ③を皿に盛り、④とクレソンを添え、レモンバターをカツレツにのせる。

砂肝のから揚げ レモン風味

歯ごたえのいい砂肝のから揚げに、コクを与えるレモン風味のバターソース。
作り置きのレモンバターを活用してもいいでしょう。

材料（4人分）

砂肝　300g
A ┬ レモン果汁　大さじ2
　├ 酒　大さじ1
　└ しょうゆ　大さじ3
片栗粉　適宜
バター　50g
レモン果汁　大さじ1
パセリ（みじん切り）　大さじ1
ラディッシュ　適宜
サニーレタス　適宜
揚げ油　適宜

作り方

① 砂肝はAの調味料に20～30分漬けておく。
② ①に片栗粉をまぶし、180度の油で揚げる。
③ 鍋にバターを入れて溶かし、パセリとレモン果汁を加えソースを作る（写真）。
④ 器にサニーレタスを敷き②を盛りラディッシュを添える。③のソースを食べる直前にかける。

〈ソース&タレ〉── レモンの風味でさっぱりメニューをどうぞ

茹でシーフード
クコの実レモンソース

中華料理などでは、よく使われるクコの実。
白いマヨネーズソースに入れると赤い色が映えて、優しい甘みが加わります。

材料（4人分）

生鮭　2切
塩・こしょう　各少々
白ワイン　大さじ2
イカ（胴）　1杯
茹でダコの足　2本
ホタテ貝柱（刺身用）　4個
A ┬ レモン果汁　大さじ1/2
　└ マヨネーズ　大さじ4
クコの実　大さじ2
玉ねぎ　1/8個
ピクルス　2〜3本

作り方

① 鮭は一口大のそぎ切りにし、塩・こしょうする。耐熱皿にのせてワインを振り、ラップをしてレンジで2分ほど加熱する。
② イカは輪切りに、タコは薄切りにする。
③ イカ・ホタテは熱湯でさっと茹で、ホタテは半分のそぎ切りにする。
④ クコの実はぬるま湯で戻して粗みじんに切り、玉ねぎ・ピクルスも粗みじんに切る。Aと合わせてソースを作る。
⑤ ①②③を皿に盛り、④を添える。

食材Memo「クコの実」

漢方では古くから不老長寿の生薬として用いられてきた木の実。肝細胞への脂肪の沈着を防ぎ、再生を促すほか、高血圧や低血圧、動脈硬化、白内障などにも効果があります。

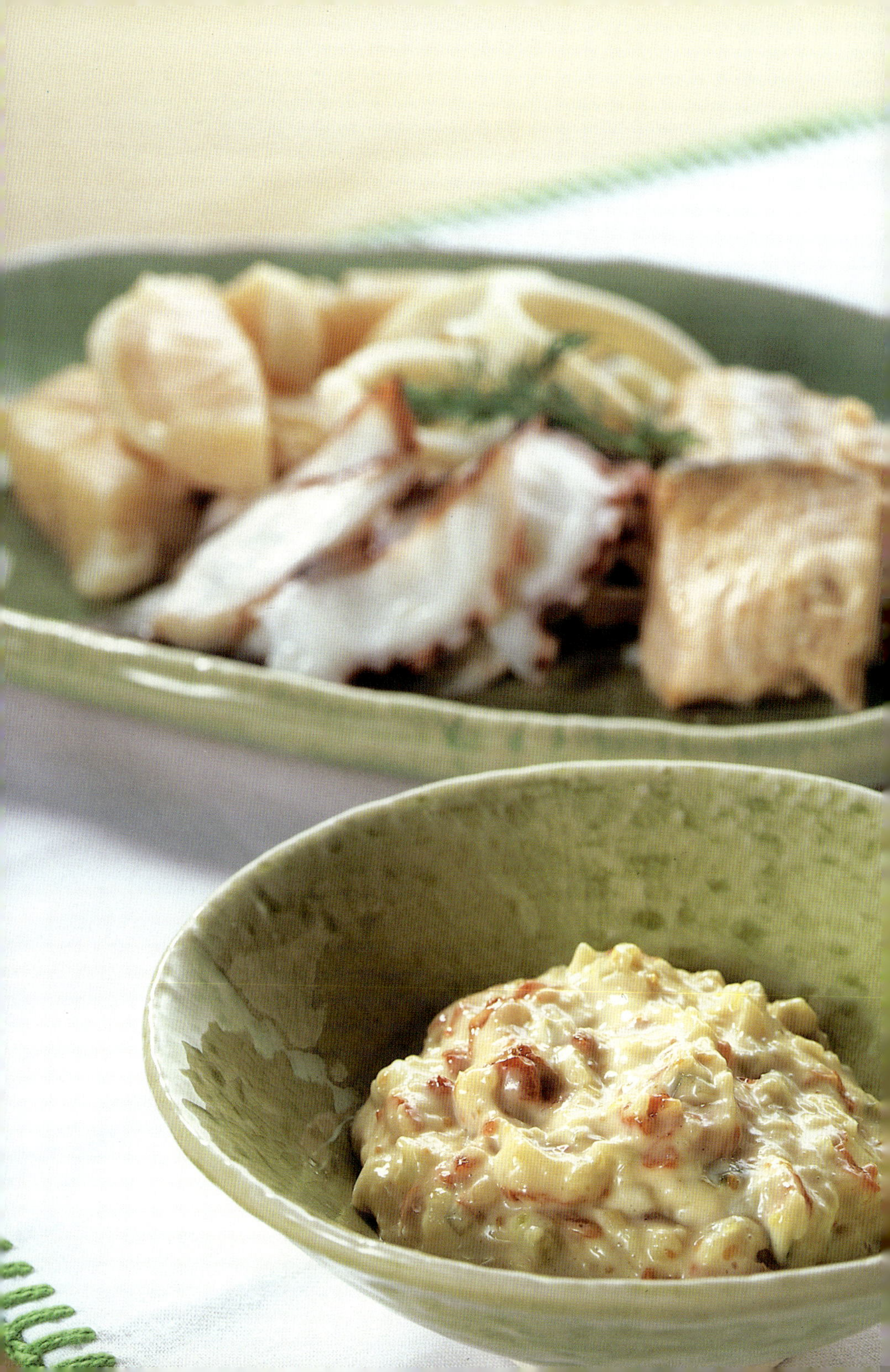

〈ソース&タレ〉── レモンの風味でさっぱりメニューをどうぞ

サーモンの生春巻きレモンソース

米粉でできたライスペーパーで作る生春巻きは、簡単なのに見た目もきれい。レモン入りの甘辛いソースが、食欲をそそります。

材料（4人分）

A ┌ レモン果汁　1/4カップ
　├ ナンプラー　大さじ2
　├ 砂糖　大さじ1
　├ にんにく（スライス）1片
　├ 赤唐辛子（小口切り）2本
　└ 水　1/4カップ
ライスペーパー　8枚
スモークサーモン　100g
ビーフン　30g
サニーレタス　4枚
大葉　8枚
ニラ　8本

作り方

① Aはよく混ぜ合わせる。
② サーモンは5cm長さの細切りに、ビーフンは1分ほど茹でて水気を切る。
③ ライスペーパーは水につけて戻し（写真）、固く絞った布巾又は濡らしたペーパータオルの上に広げる。その上にサニーレタス・②・大葉・ニラを置いて巻く。
④ 器に③を盛り、①を添える。

Cooking Memo

ライスペーパーは乾くと破れやすいので、乾燥に注意しましょう。作ってから食べるまでに時間があるときは、濡らした布巾やペーパータオルをかけたり、霧吹きで水分補給しておくと安心です。

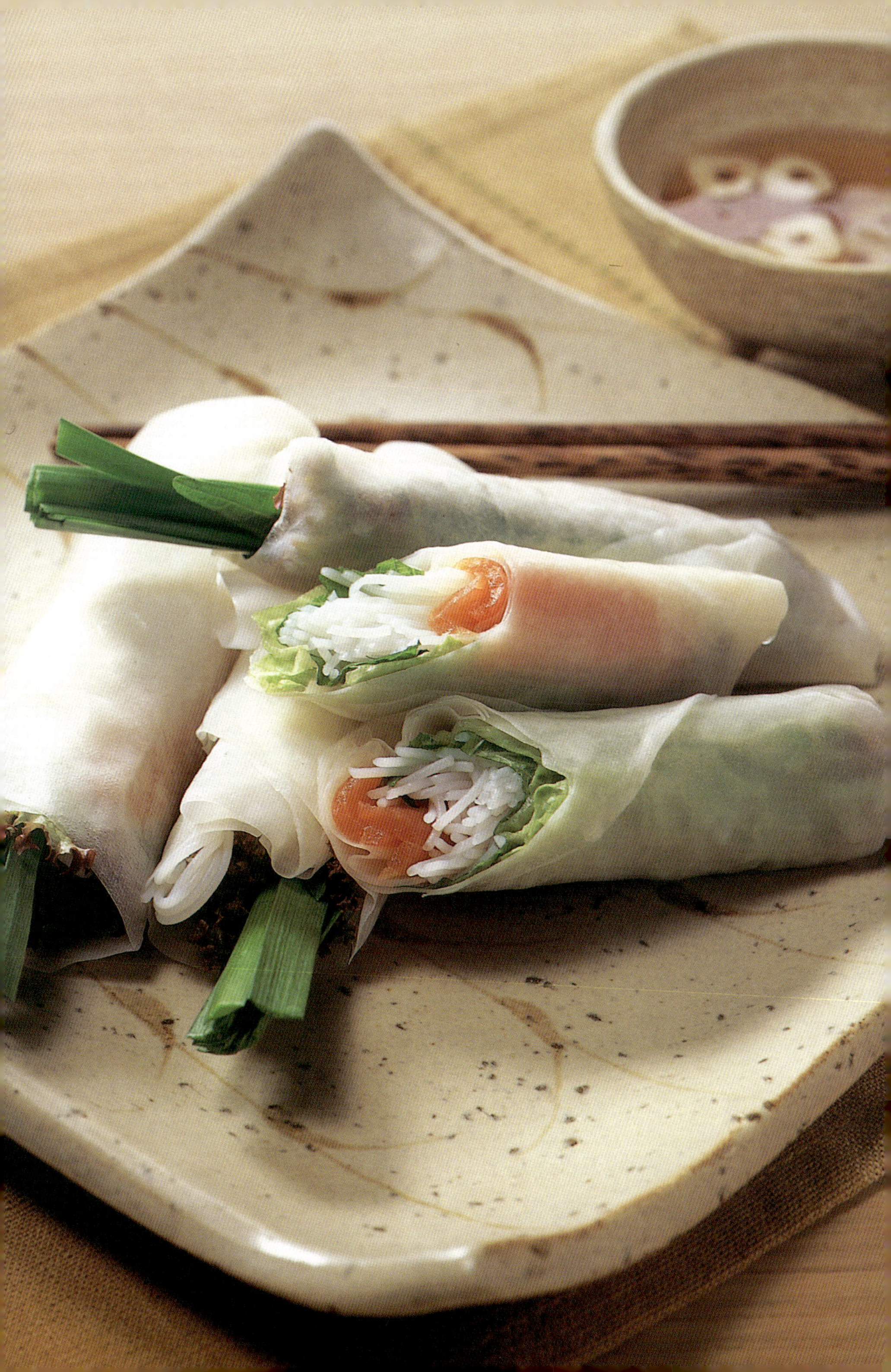

白身魚のエスニック

蒸した白身魚にレモン風味のソースがぴったり。
魚は鯛やカレイなどもおすすめです。

〈ソース&タレ〉——レモンの風味でさっぱりメニューをどうぞ

材料（4人分）

タラ　4切
ねぎ　1/4本
しょうが　1片
香菜　1枝
酒　大さじ2
塩・こしょう　各少々
A ─ レモン果汁　大さじ3
　　 ナンプラー　大さじ1
　　 赤唐辛子　1本
　 └ 砂糖　小さじ1

作り方

① タラは塩・こしょうと酒を振り、下味をつける。
② ねぎはせん切り、しょうがは薄切りにし、香菜は葉の部分を摘んでおく。
③ 赤唐辛子はぬるま湯で戻して中の種を抜き、小口切りにしておく。
④ 耐熱皿に①のタラを並べ、上に②の野菜をのせ、蒸し器で10分蒸す。
⑤ Aの調味料を混ぜてタレを作る。
⑥ ④を器に盛り、⑤を添える。

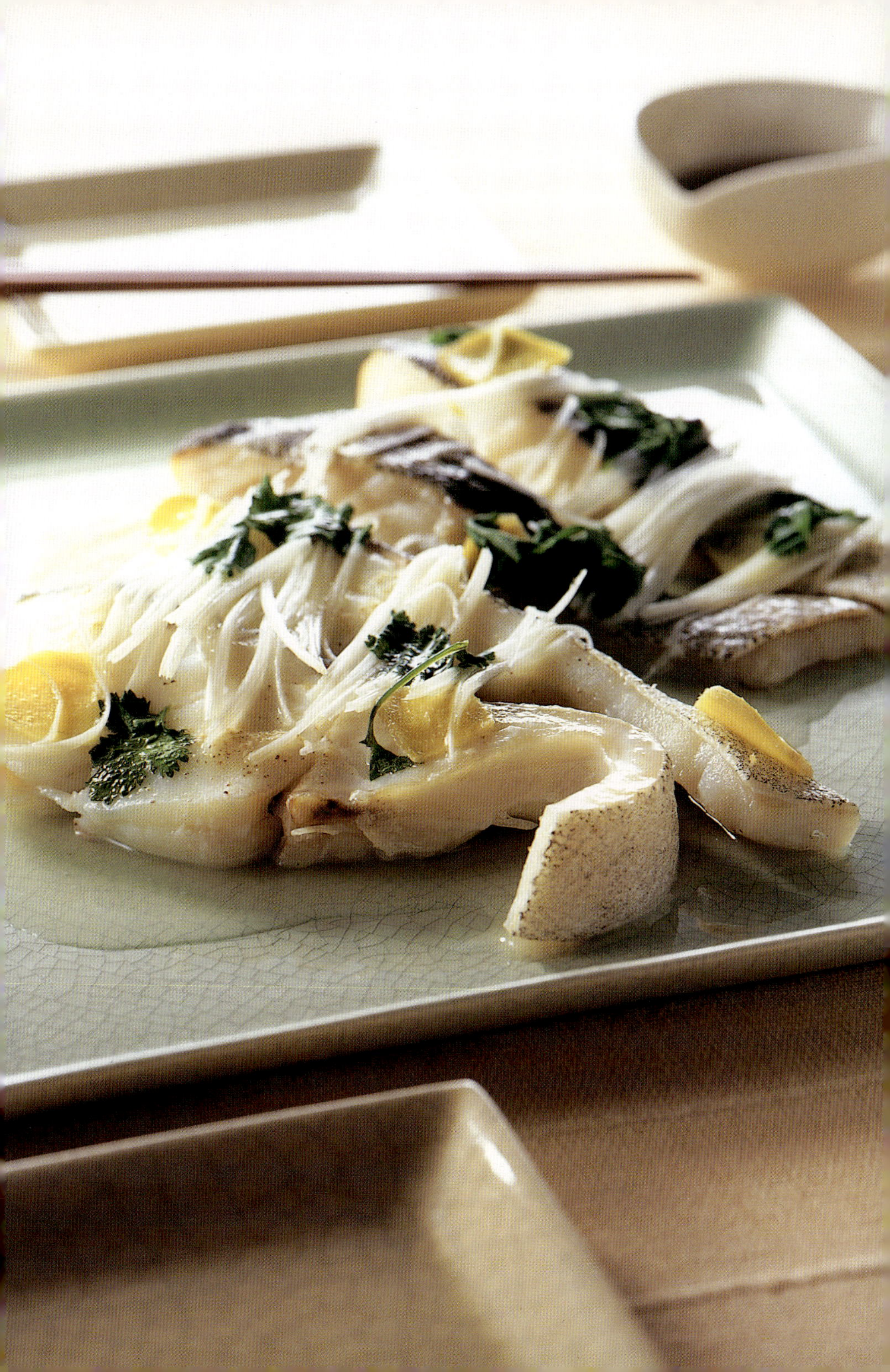

鯵のたたきレモン風味

さっぱりとしたレモン風味の鯵のたたき。
果汁だけでなく皮を加えることで、軽い苦みも楽しめます。

材料（4人分）

鯵　2尾
レモンの皮　1/4個分
万能ねぎ　2本
大葉　4枚
A ┌ しょうゆ　大さじ4
　├ レモン果汁　大さじ2
　├ すりごま　小さじ2
　└ わさび　適宜

作り方

①鯵は3枚におろして骨を抜き、皮をひいて身を細切りにする。
②レモンの皮はせん切りに、万能ねぎは小口切りにする。
③大葉を敷いた器に盛り、混ぜ合わせたAをかける。

鶏ささみと明太子のレモン和え

あっさりとしたささみ肉を、明太子とレモンが大人の味に演出。
うどの代わりにセリや春菊、セロリ、きのこなどを入れてもおいしくできます。

材料（4人分）

鶏ささみ肉　3本
A ┬ 酒　大さじ1
　└ 塩・こしょう　各少々
きゅうり　1本
塩　小さじ1/3
わかめ（塩蔵）　15g
うど　5cm長さ
明太子　1腹
B ┬ レモン果汁　大さじ2
　├ 酢　大さじ2
　├ 砂糖　小さじ1
　└ 塩　少々

作り方

① ささみは筋を除いて一口大のそぎ切りにし、Aをふりかけて下味をつける。
② ①にラップをして、電子レンジで2分ほど加熱して冷ます。
③ きゅうりは薄切りにして塩もみし、しんなりしたら水洗いして絞る。
④ わかめは洗ってから戻し、一口大に切っておく。
⑤ うどはかつらむきして斜め切りし、氷水に入れて、よりうどを作る。
⑥ ボウルに皮を除いた明太子とBを混ぜ合わせ、②③④を加えて和える。器に盛って、⑤を添える。

ビタミンCだけじゃない！
秘められた
レモンの栄養とパワー

　すがすがしい香りと味をもつレモンは、古くから体に良い果物として世界各地に広まり、古代ローマでは「毎日一個のレモンは、人生を明るくする」といわれていました。
　レモンの栄養といえば、すぐにビタミンCが連想されると思いますが、クエン酸のはたらきも大きく、そのほかにも、カリウム・カルシウム・食物繊維などを含み、私たちの体にさまざまな効果をもたらしてくれます。

●病気の予防や美容に大切な「抗酸化作用」

　がんをはじめとする生活習慣病は、ストレスや喫煙、不規則な生活、紫外線などさまざま原因から、体内の活性酸素が異常に増えて、細胞を傷つけることが誘因となることが判明しています。その活性酸素に立ち向かい、細胞が傷つき、酸化するのを防ぐはたらきが、抗酸化作用です。
　赤ワインに多く含まれるポリフェノールが、抗酸化物質として注目されていますが、実は、レモンにも「レモンポリフェノール（エリオシトリン）」という抗酸化物質が多く含まれています。
　ポリフェノールは、体内の活性酸素の発生を抑えて細胞の老化を防ぎ、病気への抵抗力を高め、がん予防や動脈硬化予防、美肌などにも効果があるといわれています。

●大切な成分の吸収を促す「キレート作用」

　カルシウムは、骨や歯を作っているだけでなく、血液や神経などさまざまなメカニズムに関わる大切な栄養素のひとつです。そのカルシウムが不足すると、体は骨から必要なカルシウムを補給するため、この状態が続くと骨がスカスカになり、骨粗しょう症になってしまいます。
　しかし、カルシウムや鉄分などのミネラルは、そのままの形では吸収されにくい性質をしており、ほとんどが体内に吸収されないまま、排出されてしまいます。その吸収をサポートするのが、レモンに多く含まれるクエン酸。クエン酸には、体内でカルシウムや鉄分などのミネラルを包み込んで、吸収しやすいかたちに変える「キレート作用」があるのです。

ですから、魚介類や海藻など、ミネラルの豊富な食材をレモンと一緒に食べると、ミネラルを効率よく摂取でき、骨粗しょう症や貧血の予防に役立ちます。

● **ドロドロ血を改善して血流をよくする「血流サラサラ作用」**
レモンに多く含まれるクエン酸やポリフェノールには、血小板の凝集を抑制するはたらきがあり、血液をサラサラにして、血の流れを良くする力があります。

● **疲れた心と体を癒す「リラクゼーション作用」**
レモンのさわやかな香りには、リラクゼーション効果があるといわれています。

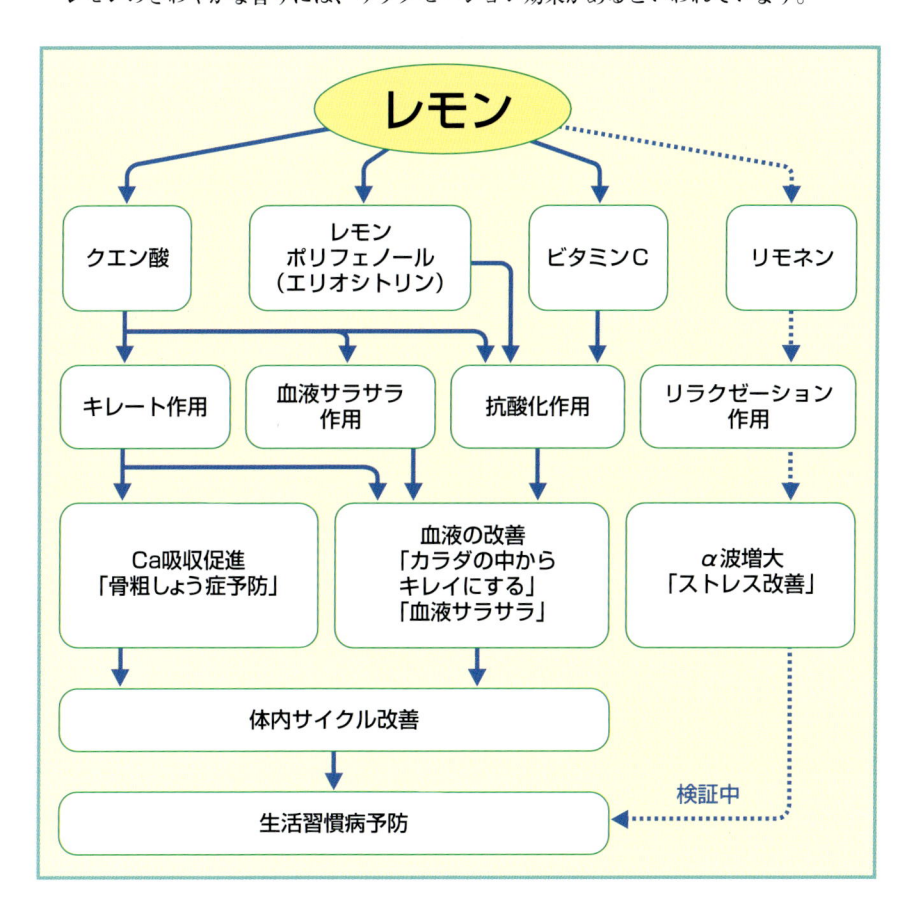

```
                          レモン
        ┌──────┬──────────┼──────────┬──────────┐
     クエン酸  レモン       ビタミンC    リモネン
              ポリフェノール
              (エリオシトリン)
        │       │           │           │
     キレート作用 血液サラサラ 抗酸化作用  リラクゼーション
                作用                      作用
        │       │           │           │
     Ca吸収促進  血液の改善              α波増大
     「骨粗しょう症予防」「カラダの中から  「ストレス改善」
                キレイにする」
                「血液サラサラ」
        │       │                       │
        └───┬───┘                       │
         体内サイクル改善                │
            │                           │
         生活習慣病予防  ← ← ← 検証中 ← ←
```

【Spring】

〈サラダ&マリネ〉── すがすがしい味と香りで新鮮な素材を引き立てる

筍と菜の花の中華サラダ

春の訪れを感じさせる食材を、
ごまがたっぷりの中華ドレッシングで食べましょう。
菜の花の鮮やかな緑が目にも嬉しいサラダです。

材料（4人分）

A ┌ レモン果汁　大さじ3
　├ しょうゆ　大さじ2
　├ 砂糖　大さじ1/2
　├ ごま油　大さじ3
　└ 白ごま　大さじ1
ゆで筍　1/2本
菜の花　12本
黄金にんじん　1/3本

作り方

① Aをよく混ぜ合わせる
② 筍は八つ割りにし、菜の花は茹でて半分の長さに切る。黄金にんじんは短冊に切る。
③ 器に②を盛り、食べる直前に①をかける。

食材Memo「菜の花」

油菜の若いつぼみと茎葉を摘んだもので、菜花（なばな）、花菜（はなな）ともいいます。ビタミンCやカロチン、カルシウムが豊富で、軽い苦みや香り、歯触りとととともに、鮮やかな色が楽しめます。

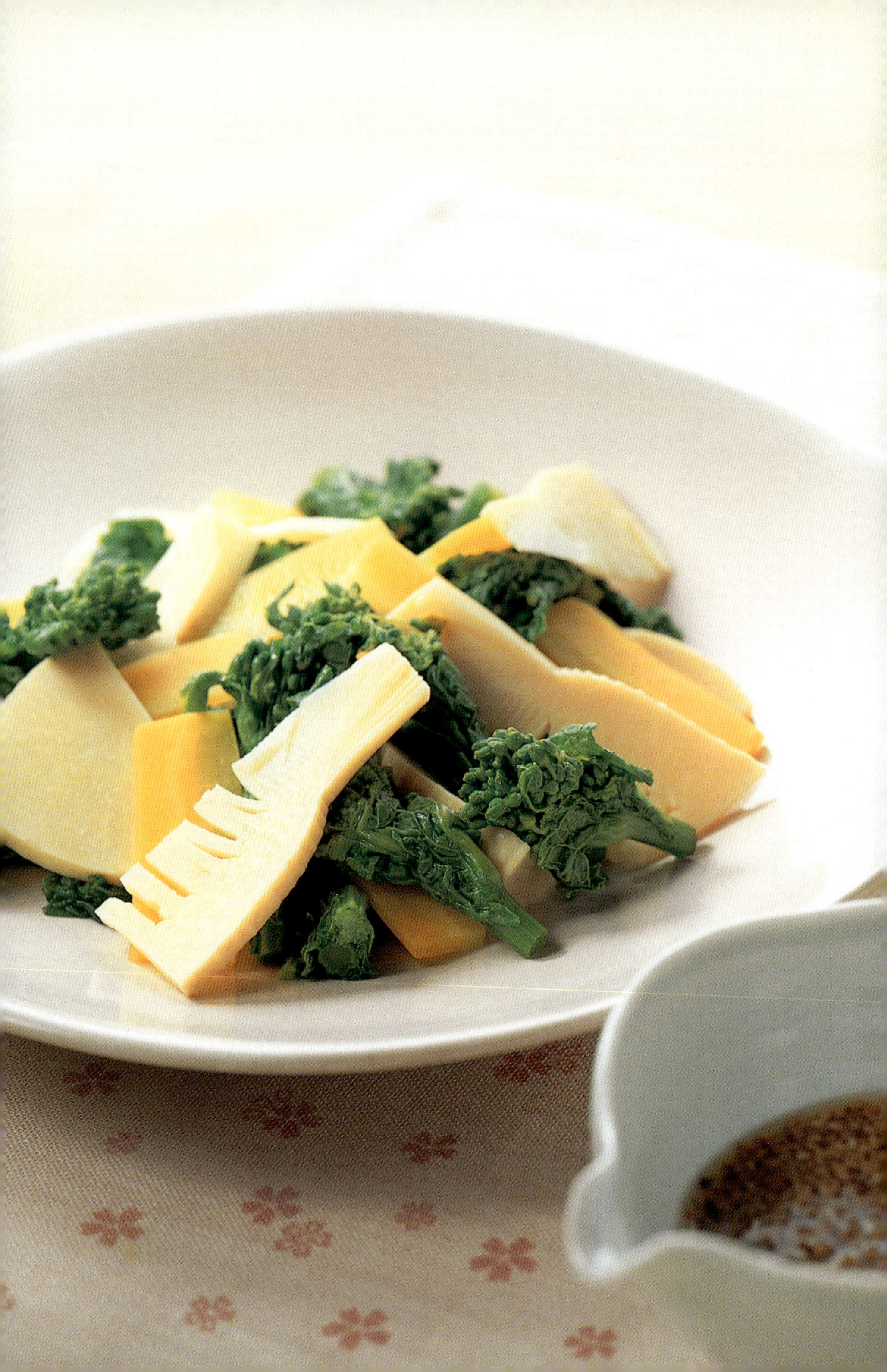

〈サラダ&マリネ〉── すがすがしい味と香りで新鮮な素材を引き立てる

【Spring】

かぶとレモンのサラダ ビールドレッシング

ビールを使ったほろ苦いドレッシングは大人の味。
かぶは重石をしてしんなりさせると、味が馴染みやすくなります。

材料（4人分）

かぶ　中6個
塩　大さじ2
レモン　1/2個
ベーコン　3枚
A ┬ ビール　1/2カップ
　├ レモン果汁　大さじ1
　├ 砂糖　小さじ1
　├ サラダ油　大さじ3
　└ 塩・こしょう　各少々

作り方

① かぶは茎を1.5cmほど残して葉を落とし、皮をむき、八つ割りにする。
② ①をボウルに入れて塩を振って混ぜ、重石をしてしんなりするまで15分ほど置く（写真）。
③ レモンはイチョウ切りにする。ベーコンは1cm幅に切り、サラダ油（分量外）を熱したフライパンでカリカリに焼く。
④ ②をサッと水洗いし、水気を切る。
⑤ 皿に④と③を盛り、合わせたAを添える。

食材Memo「かぶ」

春の七草のひとつとして馴染み深い野菜ですが、原産はヨーロッパ。さまざまな種類がありますが、一般的には冬から春にかけてが旬の野菜です。つやがあってツルンとしたものを選びましょう。

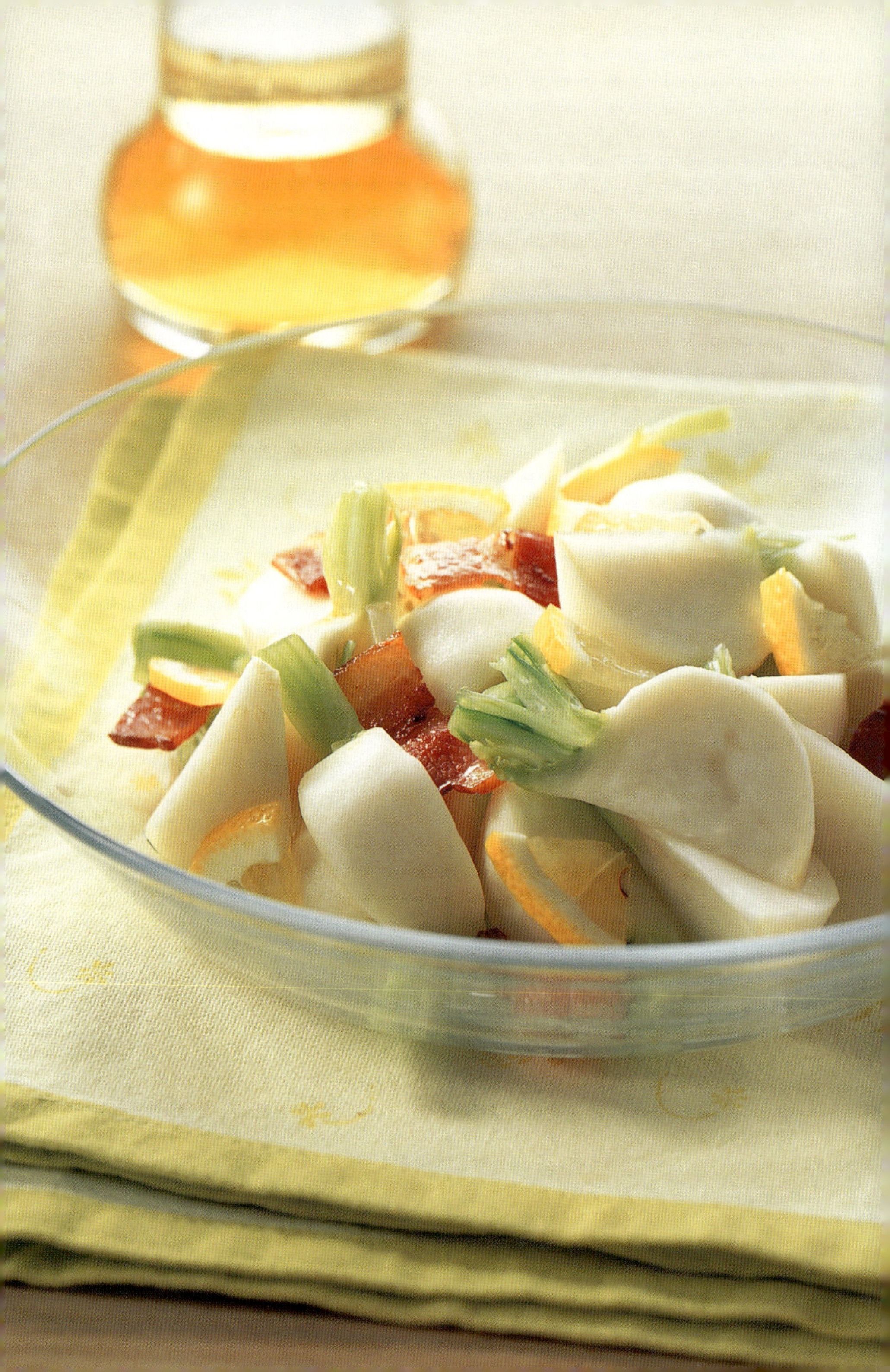

〈サラダ&マリネ〉——すがすがしい味と香りで新鮮な素材を引き立てる

【Spring】
新ごぼうのシャキシャキエスニカン

チリソースとピーナッツのタレは、辛さのなかにも優しい甘さがあるのが魅力。
ごぼうとれんこんのアク抜きは、レモン果汁を加えた水に浸してもいいでしょう。

材料（4人分）

A ┬ レモン果汁　大さじ2
　├ スウィートチリソース　大さじ3
　├ しょうゆ　小さじ1
　└ 砂糖　小さじ1
ピーナッツ　10g
新ごぼう　1本
れんこん　1/2節
空芯菜　1/2束

作り方

① 新ごぼうは4cm長さの細切り、れんこんは2mm厚さのイチョウ切りにして酢水につけ、アク抜きしておく。空芯菜は4cmに切ってさっと茹でる。
② ①の新ごぼうとれんこんは、さっと茹でてザルにあげる。
③ ピーナッツは粗く刻み、Aの調味料と合わせてタレを作る。
④ ②と空芯菜を合わせて③で和える。

リンゴとアーモンドのパリパリサラダ

リンゴとレタス、から煎りしたアーモンドの歯ごたえが嬉しい一品。
カッテージチーズを手作りすれば（P89参照）、さらにおいしさが拡がります。

材料（4人分）

レタス　1個
アーモンドスライス　50g
クレソン　1束
リンゴ　1/4個
カッテージチーズ（P89参照）50g
レモン果汁　小さじ2
A ─ レモン果汁　大さじ1 1/2
　├ オリーブオイル　大さじ4
　└ 塩・こしょう　各少々

作り方

① レタスは一口大にちぎり、クレソンは葉の部分は4cm長さに、茎は1cm長さに切る。リンゴはイチョウ切りにしてレモン果汁をかけておく（P4写真）。
② アーモンドはフライパンで少し色がつくまでから煎りする。
③ Aをよく混ぜてドレッシングを作る。
④ ①②を合わせた上にカッテージチーズを散らし、③のドレッシングを添える。

〈サラダ&マリネ〉 ── すがすがしい味と香りで新鮮な素材を引き立てる

【Summer】

タコとトマトのレモンサラダ

カラフルでみずみずしいサラダは、さっぱり味。
夏の食欲がないときにも、おすすめです。

材料（4人分）

茹でダコ　200g
トマト　1個
セロリ　1/4本
エンダイブ　1/4株
ブラックオリーブ　5～6粒
玉ねぎ　1/6個
A ─ レモン果汁　大さじ2
　　オリーブオイル　1/4カップ
　　白ワイン　大さじ1
　└ 塩・こしょう　各少々
レモン　1/4個

作り方

① タコは一口大のそぎ切りに、トマトは四つ割りにして1cm厚さに切り、セロリは筋を除いて斜め薄切りにする。
② 玉ねぎをみじん切りにしてボウルに入れAを加えてよく混ぜる。皮をむいて、イチョウ切りにしたレモンと、①を加えて和える。
③ 器にエンダイブを敷いて②を盛り、輪切りにしたオリーブを散らす。

Column
レモンの選び方と洗い方

レモンは肌触りがなめらかで、果皮が薄く、張りがあって重いものを選びましょう。レモンの香りは果皮に多量に含まれているので、皮をむかずに使いたいところ。ただし一般的に、果皮には農薬がついているので、しっかりと洗いましょう。気になるときは、塩でもんでから水洗いすると、浸透圧で農薬やゴミが引きだされ、香りや色も引き立ちます。

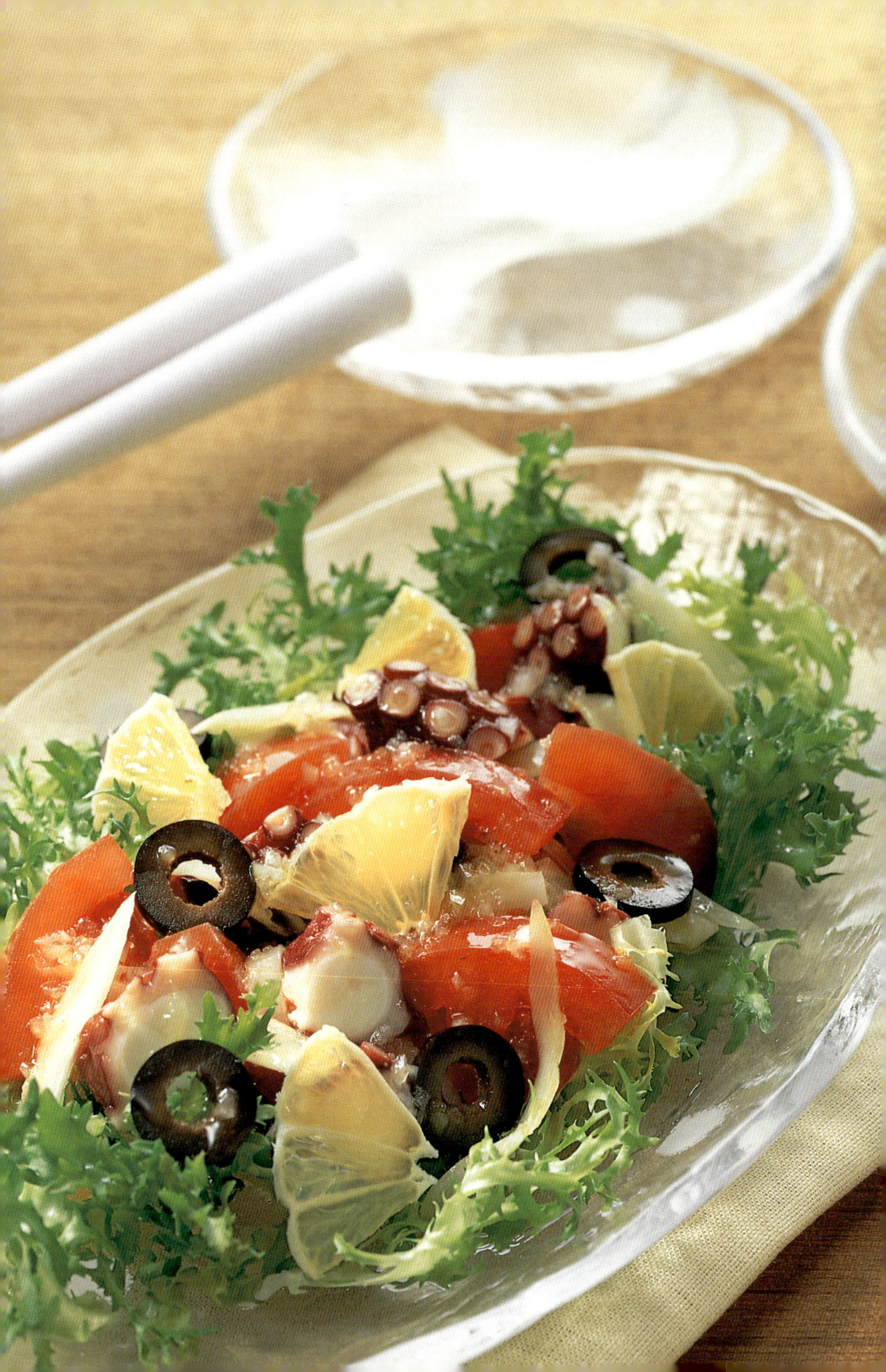

〈サラダ&マリネ〉── すがすがしい味と香りで新鮮な素材を引き立てる

【Summer】

牛ステーキ肉と夏野菜のレモン香マリネ

レモンを使ったマリネは、お酢のツンとくる感じが苦手な人にも大丈夫。
牛肉は固くなってしまうので、焼き過ぎないよう注意しましょう。

材料（4人分）

A ─ レモン果汁　大さじ3
　　 サラダ油　1/2カップ
　　 塩　少々
　　 こしょう（粗挽き）　小さじ1/2
　 ─ 白ワイン　大さじ1
牛ステーキ肉　1枚（200g）
ズッキーニ　1/2本
パプリカ（赤、黄）　各1/4個
なす　1本
玉ねぎ　1/2個
塩・こしょう　各少々
サラダ油　適宜

作り方

① 牛肉は塩・こしょうしておく。
② ズッキーニ・パプリカ・なすは細切りにする。玉ねぎは薄切りにして水にさらす。
③ ②の玉ねぎ以外の野菜を素揚げする。
④ フライパンに油を熱し、①の牛肉を焼く。
⑤ Aの調味料を混ぜ合わせ、③④と玉ねぎを和えて器に盛る。

Column
食中毒予防にもレモンが活躍

　お酢には、食中毒の原因となる細菌の増殖を防ぐ効果があることが広く知られていますが、これは、お酢が強い酸性であることによるもの。お酢よりは少し弱めですが、同じく強い酸性を示すレモンにも、同様のはたらきがあります。ですから、生ガキや魚、生野菜にレモンをかけて食べるのは、抗菌の意味でも理にかなっているといえます。まな板やキッチンの除菌や漂白にも、レモン果汁が活躍。さらには、米を炊くときにレモン果汁を入れると、食中毒予防に効果があり（米4合にレモン果汁大さじ1）、暑い日のお弁当も安心です。

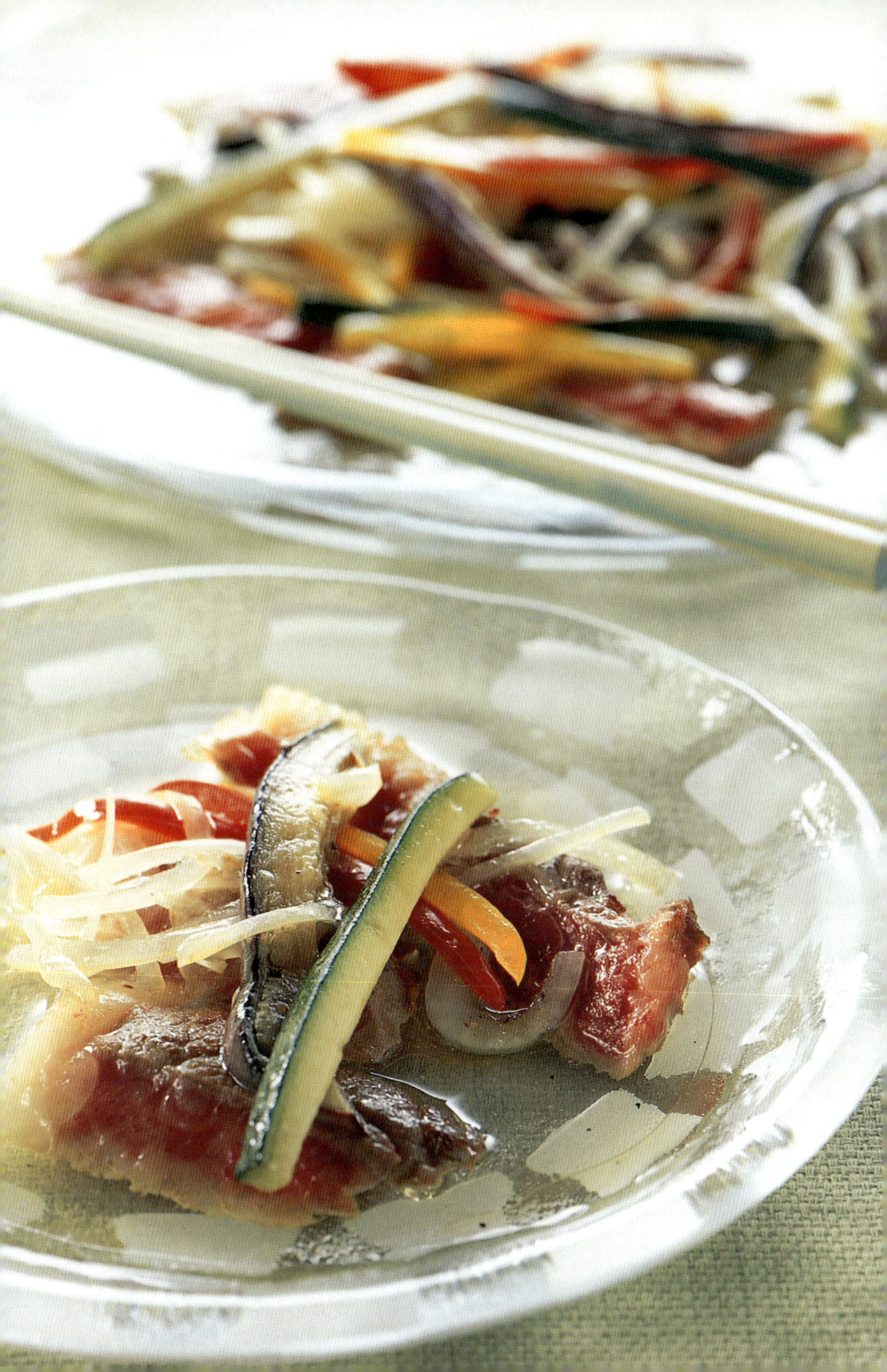

〈サラダ&マリネ〉——すがすがしい味と香りで新鮮な素材を引き立てる

【Summer】

レモンサラダスープ

冷たいスープ仕立てのサラダ。
オリーブオイルとワインビネガーの代わりにイタリアンドレッシングを使うと、さらに手早く簡単です。サラダ豆は、缶詰やパックで売られています。

材料（4人分）

トマト　1個
サラダ豆　1カップ
レタス　1枚
A ─ レモン果汁　大さじ2
　　 オリーブオイル　大さじ4
　　 ワインビネガー　大さじ1
　 ─ 塩・こしょう　各少々
氷水　1 1/2カップ

作り方

① Aをよく混ぜ合わせておく。
② ①に1cmの角切りにしたトマトとサラダ豆を加え、器に入れる。
③ ②に氷水を注ぎ、せん切りにしたレタスを盛る。

焼パプリカの3色マリネ

パプリカは食べやすい大きさに切ってから漬けてもOK！
保存容器で冷蔵庫に入れておけば、3〜4日は食べられます。

材料（4人分）

パプリカ（赤、黄、オレンジ）各1個
A ┌ レモン果汁　大さじ2
　 │ ワインビネガー　大さじ1
　 │ サラダ油　大さじ4
　 └ 塩・こしょう　各少々
タイム　適宜

作り方

① パプリカは焼き網で全体を真っ黒にこがし、氷水につけて皮をはがす。
② ①を半分に切り、種とへたを取り除く。
③ 保存容器にAとタイムを入れ、②を30分以上漬ける。

《サラダ＆マリネ》——すがすがしい味と香りで新鮮な素材を引き立てる

【Autumn】

イエローサラダ

黄色い食材で作る、遊び心いっぱいのサラダには、
オリーブオイルやマスタードの入った黄色いドレッシングを添えて。

材料（4人分）

- 黄パプリカ　1個
- 黄プチトマト　8個
- さつまいも　1本
- チコリ　適宜
- A ┬ オリーブオイル　1/2カップ
　　├ レモン果汁　1/4カップ
　　├ 白ワイン　大さじ1
　　├ 粒マスタード　大さじ1/2
　　└ 塩・こしょう　各少々

作り方

① 黄パプリカは縦半分に切って種とへたを取り、2cm幅のくし切りにする。
② プチトマトはへたを取る。
③ さつまいもは蒸し器で蒸し、2cmのサイコロに切る。
④ チコリは食べやすい大きさに切る。
⑤ ①②③④を皿に盛り、Aをよく混ぜ合わせて添える。

Column
レモンでキレイになる

　私たちの皮膚は、水分以外の約70％が、コラーゲンでできています。その皮膚のコラーゲンは、ビタミンCを消費して、新しい肌を再生するため、美肌にビタミンCは欠かせないものなのです。ですから健康で美しい肌のためにも、バランスの良い食生活を心がけたうえで、レモンなどのビタミンCをたっぷりとるように心がけましょう。

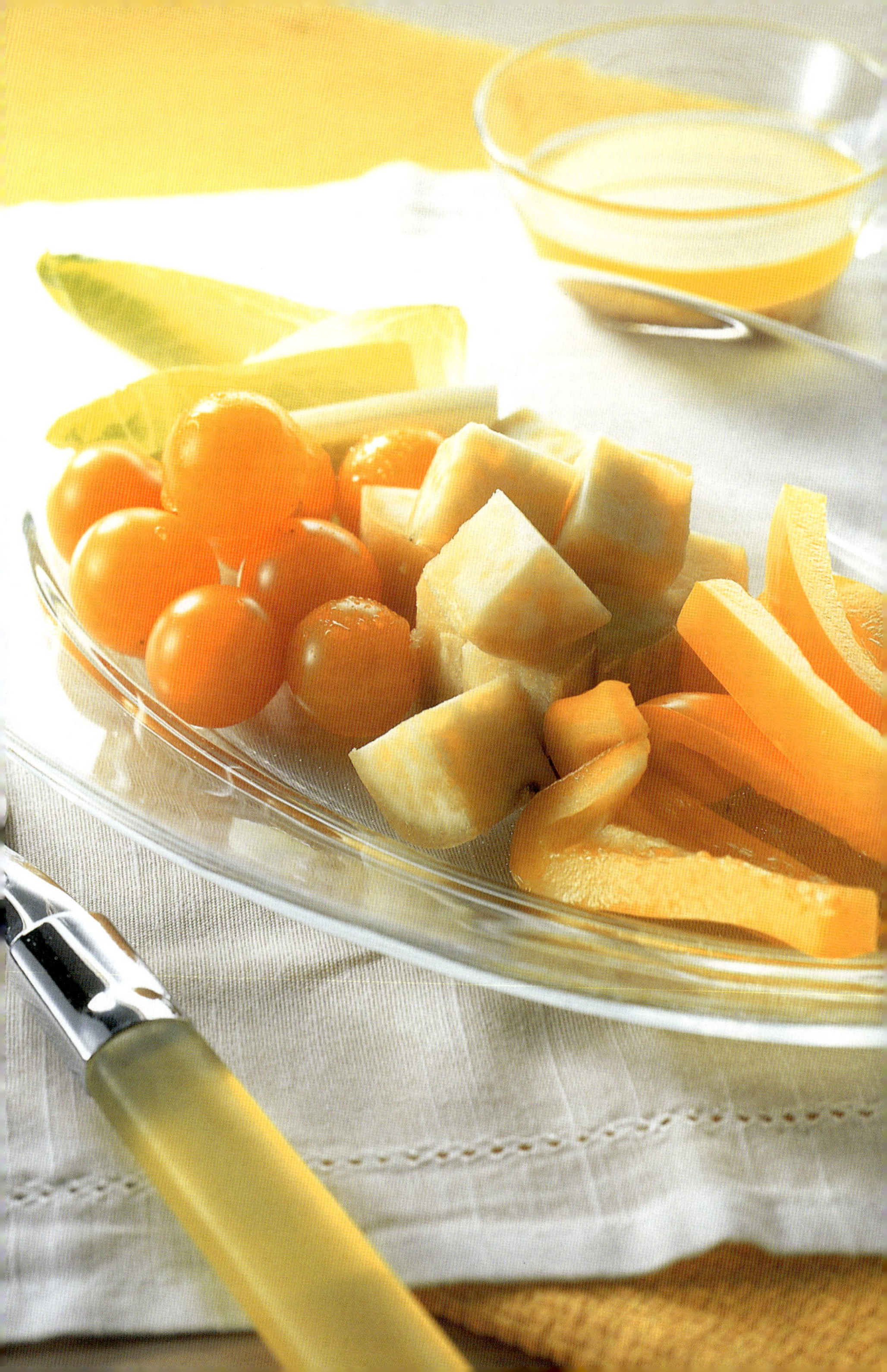

【Autumn】

きのこたっぷりレモンマリネ

きのこは炒めたら、熱いうちにマリネ液に浸すと、味がよく馴染みます。

〈サラダ&マリネ〉──すがすがしい味と香りで新鮮な素材を引き立てる

材料（4人分）

- しめじ　1パック
- 舞茸　1パック
- エリンギ　1本
- マッシュルーム　6個
- オリーブオイル　大さじ1
- 塩・こしょう　各少々
- レモン　1/2個
- A ┬ にんにく（みじん切り）1片分
　　├ 玉ねぎ（みじん切り）1/4個分
　　├ オリーブオイル　1/2カップ
　　├ ワインビネガー　大さじ2
　　└ 塩・こしょう　各少々
- パセリ　適宜

作り方

① しめじは石づきを落として小房に分け、舞茸は食べやすい大きさに裂いておく。
② エリンギは食べやすい大きさの薄切りにし、マッシュルームは石づきを落として5〜6mm厚さに切る。
③ フライパンにオリーブオイルを熱し、①②をさっと炒めて塩・こしょうし、Aを合わせたマリネ液に、スライスしたレモンと一緒に浸す。
④ ③を冷蔵庫で30分ほど冷やしてから器に盛り、刻んだパセリを振る。

カラフル野菜のお漬物

レモンで漬けるお漬物はツンとせず、さっぱりとした味わい。
漬け汁と一緒に冷蔵庫で3～4日保存できます。

材料（4人分）

パプリカ（赤、黄）各1個
ズッキーニ　1本
セロリ　1/2本
カリフラワー　1/2株
A ┌ レモン果汁　1カップ
　├ 水　1カップ
　├ 塩　小さじ1
　└ こしょう　少々

作り方

① パプリカは乱切り、ズッキーニは輪切り、セロリは斜め切り、カリフラワーは小房に分けておく。
② 鍋にAを煮立て、熱いうちに①と混ぜ合わせ、ひと晩漬けておく（写真）。

〈サラダ&マリネ〉──すがすがしい味と香りで新鮮な素材を引き立てる

【Winter】

レモンと白菜のサラダ

甘みのある冬の白菜で、さっぱり味のサラダを作りましょう。
白菜は**繊維**にそって切ると、シャキシャキ感がより一層楽しめます。

材料（4人分）

- 白菜　1/4個
- レモン　1/2個
- トレビス　3枚
- レモン果汁　大さじ2
- サラダ油　大さじ6
- バジル　3枚
- 塩・こしょう　各少々

作り方

① 白菜は5cm長さのせん切りに、トレビスとバジルは手でちぎる。レモンは2mm厚さのイチョウ切りにして混ぜる。
② サラダ油にレモン果汁を加え、塩・こしょうして、よくかき混ぜる。
③ ①と②を和え、器に盛る。

食材Memo「白菜」

　一年中手に入りますが、一番おいしいのは、なんといっても、11月末から2月にかけて。霜が降りると繊維が柔らかくなり、甘みを増します。外葉の緑色が濃く、巻きが堅いものを選びましょう。

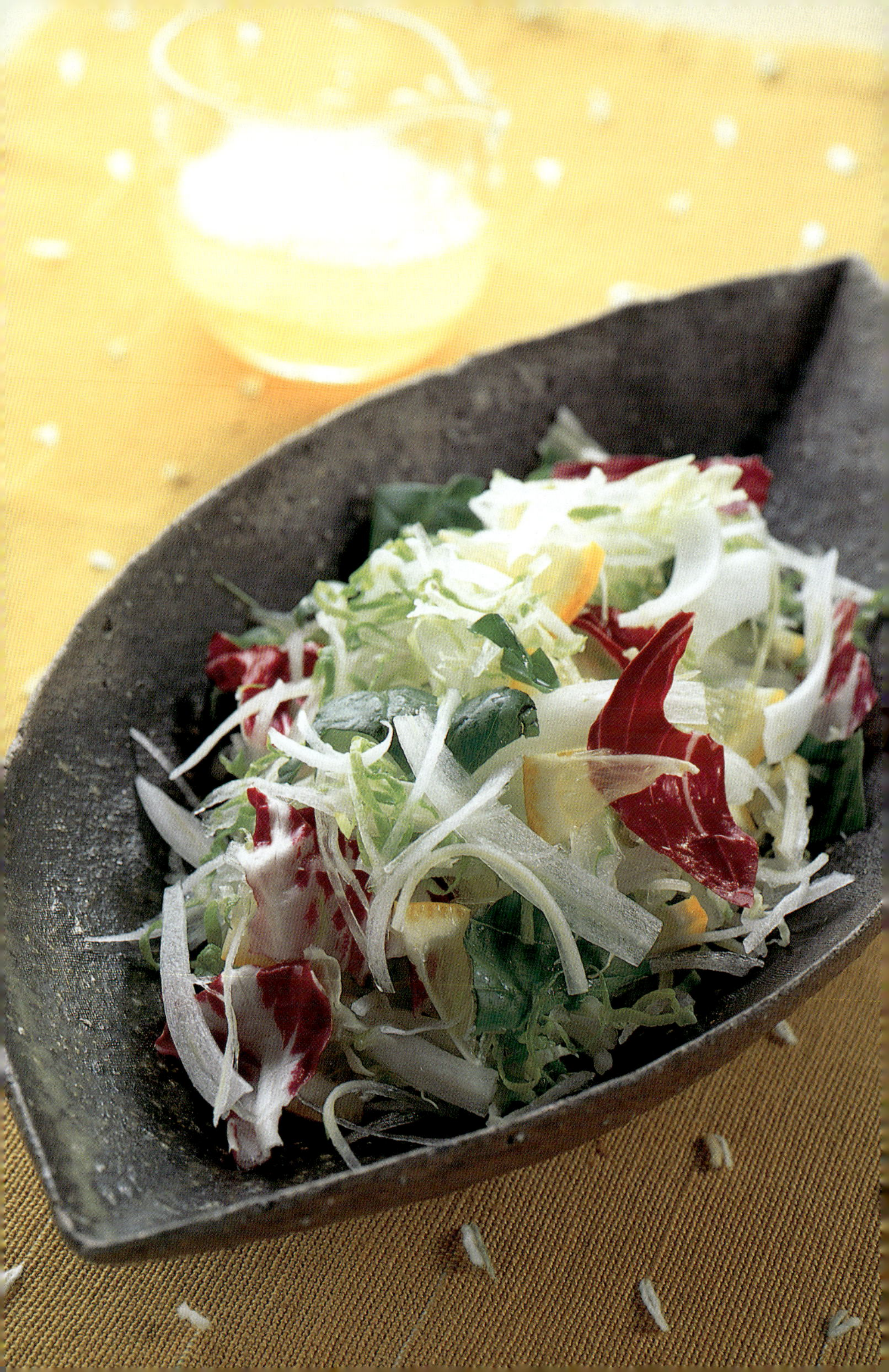

【Winter】

エリンギとねぎのレモンつゆマリネ

きのこは表面に少ししわが寄るくらいまで、軽く焼きましょう。
丸ごと焼いてから裂くと、おいしさが逃げません。

〈サラダ&マリネ〉——すがすがしい味と香りで新鮮な素材を引き立てる

材料（4人分）

エリンギ　2本
長ねぎ　1本
黄菊　2個
A ┌ つゆの素（ストレート）　大さじ6
　 └ レモン果汁　大さじ1 1/2
白ごま　小さじ1

作り方

① エリンギとぶつ切りにした長ねぎは焼き網にのせて焼く（写真）。エリンギは手で適当に裂く。
② ①とAを合わせてしばらく置く。
③ 黄菊はさっと茹でて水にさらし、水気を切る。
④ ②を器に盛り、③を散らして白ごまを振る。

Cooking Memo

きのこは水で洗うと、水分を吸って水っぽくなってしまうので、汚れているときは、塗れ布巾でサッとふきましょう。きれいならば、そのままでもOKです。

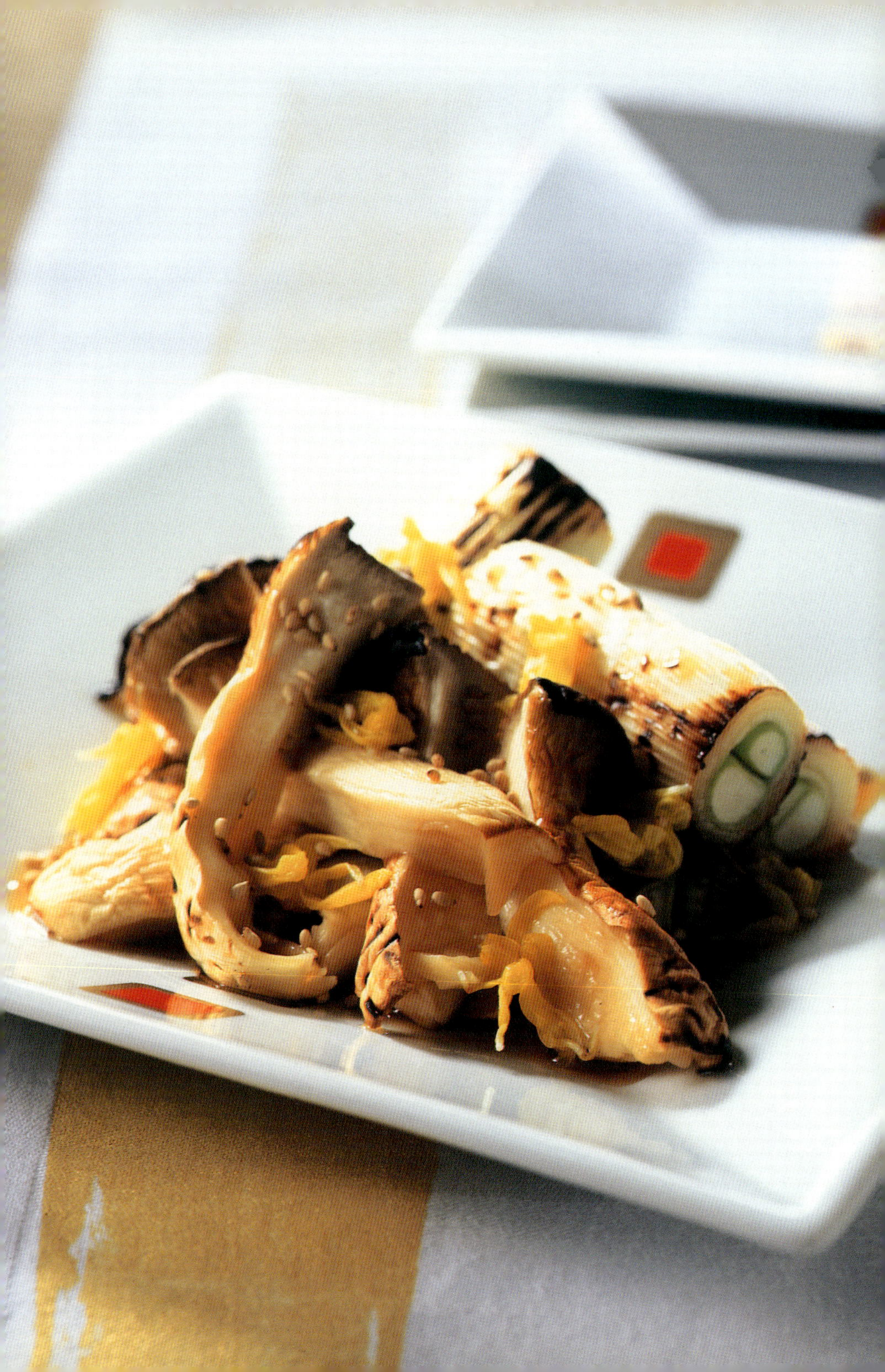

〈サラダ&マリネ〉——すがすがしい味と香りで新鮮な素材を引き立てる

【Winter】
牛タンと水菜のサラダ

レモンと相性の良い牛タンのサラダは、ボリュームのある一品。
おもてなしにも最適です。

材料（4人分）

- A
  - 牛タン（薄切り）　12枚
  - サラダ油　大さじ1
  - 塩・こしょう　各少々
- 水菜　1束
- プチトマト　8個
- レモン　1/4個（またはレモン果汁）
- B
  - レモン果汁　1/4カップ
  - サラダ油　1/3カップ
  - 黒こしょう（粒）　少々
  - 塩　小さじ1/2

作り方

① フライパンにAの油を熱し、塩・こしょうした牛タンを両面焼く。
② 水菜は4cm長さに切り、プチトマトは1/4に切る。
③ Bを混ぜ合わせる。
④ 器に①②を盛り、くし形に切ったレモン（またはレモン果汁）を添える。食べる直前にBをかける。

カニとブロッコリーのサラダ

タラバガニを使ったちょっとぜいたくなサラダは、ドレッシングにもカニ味噌を加えてコクのある味に。レモンが臭みを消してくれます。

材料（4人分）

- タラバガニ（茹で）　1/2杯
- ブロッコリー　1株
- 黄パプリカ　1/2個
- レモン　1個
- A
  - タラバガニの味噌　少々
  - マヨネーズ　大さじ3
  - レモン果汁　大さじ1
  - 砂糖　少々
  - 塩・こしょう　各少々

作り方

① カニは身と味噌を各々取り出しておく。
② ブロッコリーは小房に分けて色よく茹で、パプリカは種とヘタを除いて5mm幅くらいに切る。
③ レモンは皮をむいて輪切りにする。
④ ボウルにAの材料を混ぜ合わせ、①の身と②を加えて和える。
⑤ 皿に③を並べ、④を盛る。

〈サラダ&マリネ〉——すがすがしい味と香りで新鮮な素材を引き立てる

簡単！ レモンのドレッシング

　おいしいドレッシングさえあれば、おいしいサラダはできたも同然。レモンを使って、さっぱり味のドレッシングを作りましょう。
　ここでは、サラダ&マリネのページで紹介したドレッシングの中から、活用範囲の広いものを4品、あらためて紹介します。分量は4人分の料理の1回分。味をみながら調節して、「我が家の味」を見つけてください。

レモン風味中華ドレッシング

ごまがたっぷり入った、しょうゆベースの中華ドレッシングです。
※P34「筍と菜の花の中華サラダ」に使用。

材料

レモン果汁　大さじ3
しょうゆ　大さじ2
砂糖　大さじ1/2
ごま油　大さじ3
白ごま　大さじ1

レモンマリネドレッシング

お酢の代わりにレモンの酸味を効かせたドレッシング。これさえあれば、簡単にマリネが楽しめます。
※P40「タコとトマトのレモンサラダ」に使用。

材料

レモン果汁　大さじ2
オリーブオイル　1/4カップ
白ワイン　大さじ1
塩・こしょう　各少々

レモンマヨネーズドレッシング

マヨネーズをレモン果汁でのばします。隠し味に砂糖を加えて、まろやかな味に仕上げましょう。
※P55「カニとブロッコリーのサラダ」に使用。

材料

マヨネーズ　大さじ3
レモン果汁　大さじ1
砂糖　少々
塩・こしょう　各少々

黒こしょうドレッシング

粒こしょうとレモンの香りがマッチ。肉などを使ったボリュームのあるサラダによく合います。
※P54「牛タンと水菜のサラダ」に使用。

材料

レモン果汁　1/4カップ
サラダ油　1/3カップ
黒こしょう（粒）　少々
塩　小さじ1/2

白身魚のクリームパスタ

白いソースにパプリカの赤と黄色がかわいらしいパスタです。
レモンの風味がクリームソースに軽い酸味を添え、まろやかな味に仕上げます。

〈米・パスタ・スープ〉──お馴染みメニューもレモン風味でちょっとおしゃれに、さわやかに

材料（4人分）

- A ─ 鯛　2切
  └ バター　大さじ1/2
- B ─ バター　大さじ3
  │　小麦粉　大さじ3
  │　牛乳　3カップ
  │　生クリーム　1/2カップ
  └ レモン果汁　大さじ4
- スパゲティ　400g
- 塩・こしょう　各少々
- パセリ　適宜
- C ─ パプリカ（赤、黄）各1/2個
  └ バター　大さじ1/2

作り方

① フライパンにAのバターを熱し、一口大に切った鯛を両面焼く。
② Cのパプリカは5mm角に切り、フライパンにバターを熱して炒める。
③ 鍋にBのバターを熱し、小麦粉を炒める。牛乳を少しずつ加え入れ、塩・こしょうする。とろみがついたら生クリームとレモン果汁を加える（写真）。
④ 茹でたスパゲティを③に入れて和え、さらに①②を加えて軽く混ぜる。
⑤ ④を皿に盛り、みじん切りにしたパセリを散らす。

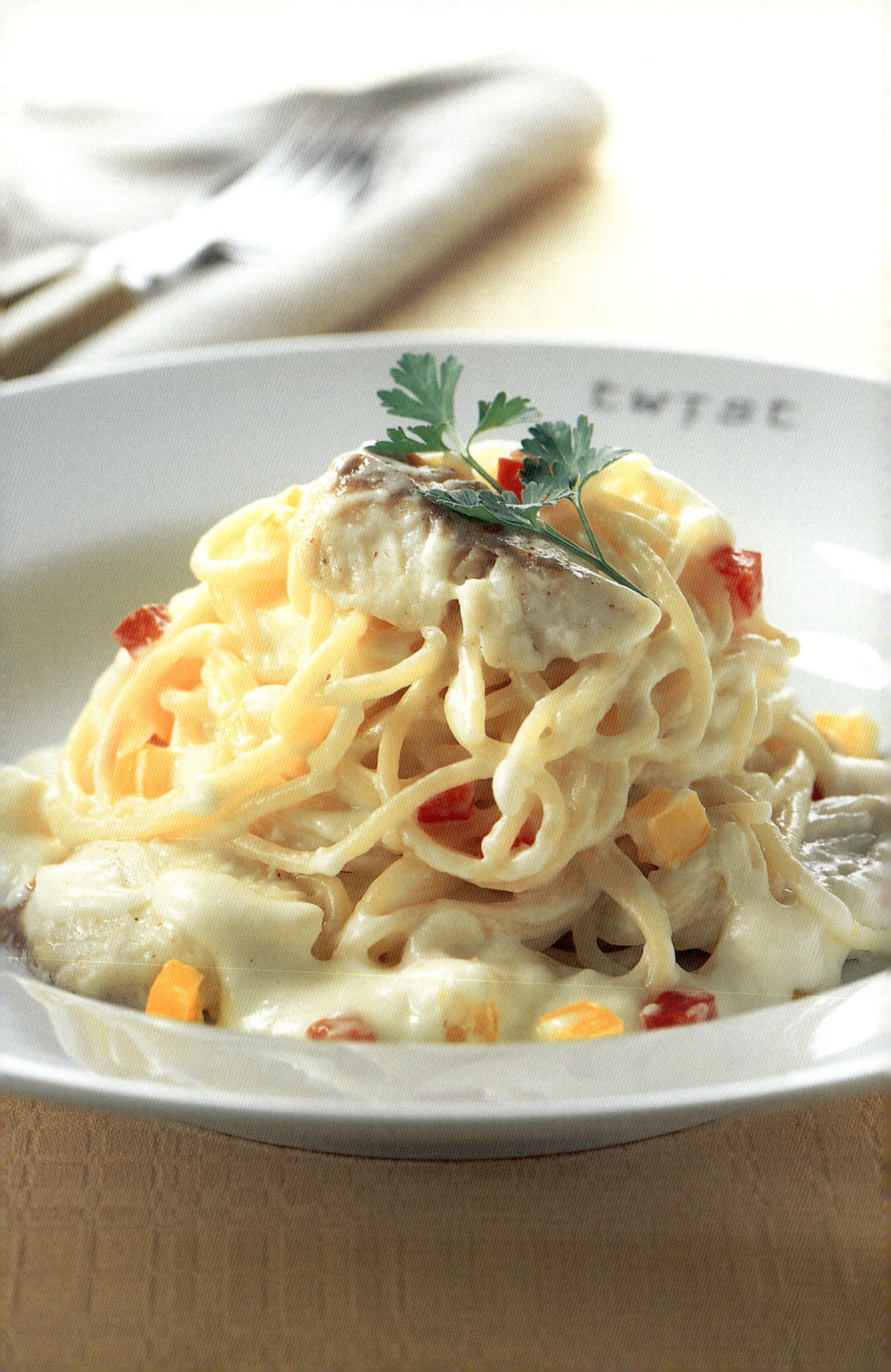

ルッコラのレモンピザ

熱々の生地に、レモンで和えたルッコラをのせたピザは、さっぱりとした味が特徴。ルッコラの代わりにレタスやサラダほうれん草もおすすめです。

材料（直径18cm×4〜6枚）

【ピザ生地】
A ─ 強力粉　100g
　 └ 薄力粉　200g
ドライイースト　8g
塩　少々
オリーブオイル　1/4カップ
ぬるま湯　約3/4カップ
黒こしょう（粗挽き）　少々
にんにく（みじん切り）　2片
ルッコラ　2束
新玉ねぎ　1個
生ハム　5〜6枚
ピザ用ソース　適宜
ピザ用チーズ　適宜
B ─ 塩・こしょう　各少々
　 └ レモン果汁　大さじ3

食材Memo「ルッコラ」

別名ロケットサラダといい、軽い辛みとごまに似た風味が楽しめます。ビタミンC・Eを多く含みます。

作り方

① ボウルに合わせたAをふるい入れる。その上に塩とドライイーストを少し離して置き、オリーブオイルも加える。イーストにかけるようにぬるま湯を注ぎ入れ、手で全体を混ぜ合わせる。まとまりだしたら、打ち粉（分量外）をした台に移してよくこねる（表面につやが出るまで10分くらい）。

② ①をひとつに丸めてボウルに入れ、ラップをかける。温かい場所に置き、生地が約2倍に膨らむまで発酵させる。フィンガーチェックをし、ガス抜きをする。

③ ②を平らにして4〜6等分し、ひとつずつ丸める。固く絞った濡れ布巾をかけ、15分くらい置く。

④ ③を手のひらで押し、めん棒で薄く伸ばす。

⑤ ④にフォークで数カ所、穴をあける。まわりを1cmほど残し、ピザソースを塗り、にんにく、チーズを散らして220度に熱したオーブンに入れ10分焼く。熱いうちに黒こしょうを振る。

⑥ 玉ねぎは薄切りに、ルッコラは手でちぎり、生ハムは食べやすい大きさに切り、Bで和えて⑤にのせる

〈米・パスタ・スープ〉── お馴染みメニューもレモン風味でちょっとおしゃれに、さわやかに

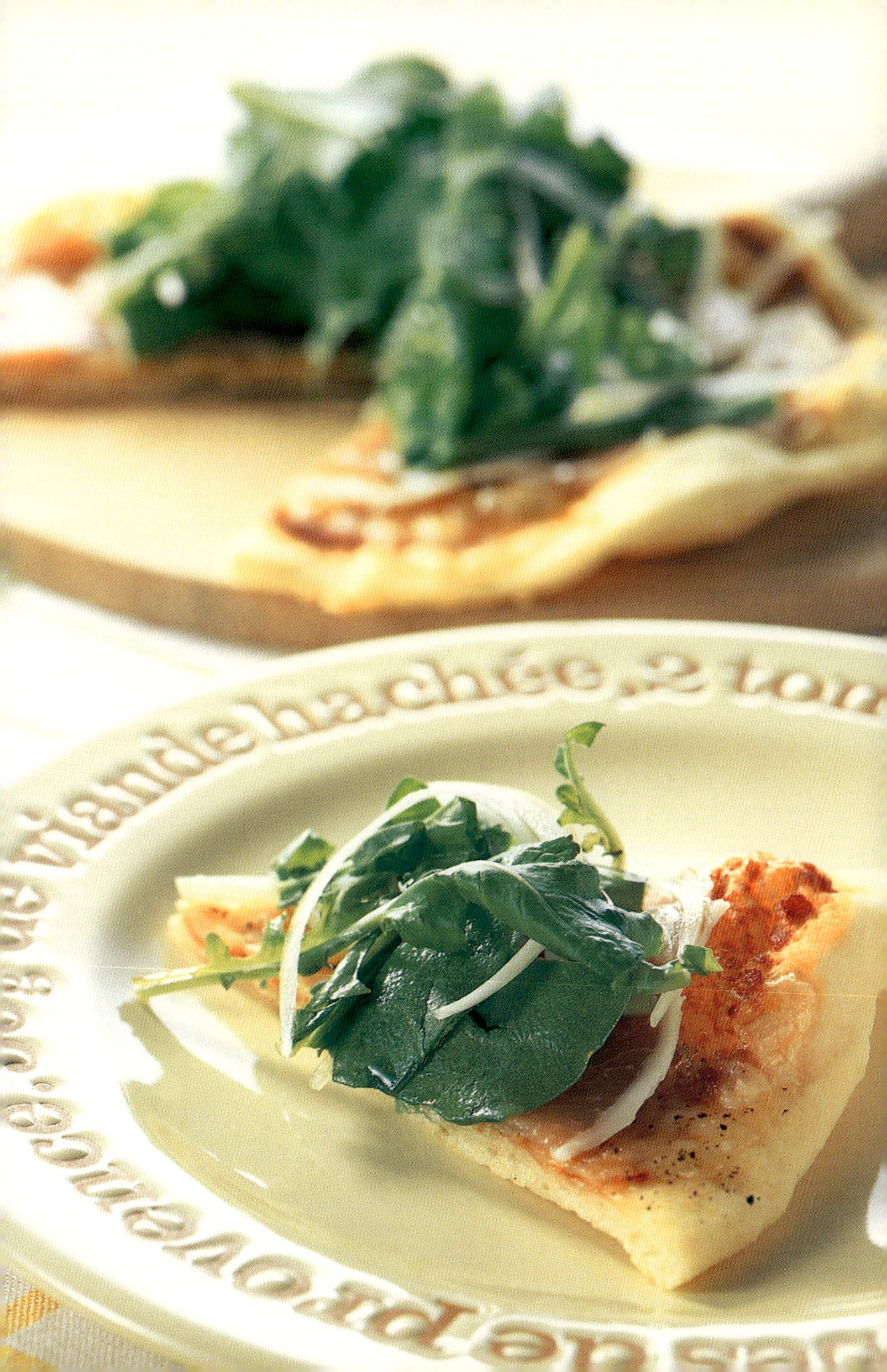
es de provence, en sac, viandehachée, 2 ton

ナムル丼

韓国料理のビビンバ風の丼です。
それぞれの野菜の味つけは、お好みで調節してください。

材料（4人分）

豆もやし　1袋
大根　1/3本
ほうれん草　1束
白飯　700〜800g
卵　2個
塩　少々
A ─ レモン果汁　大さじ1
　　ごま油　大さじ2
　　塩・こしょう　各少々
B ─ おろしにんにく　大さじ1
　　しょうゆ　大さじ2
　　ごま油　大さじ1
C ─ レモン果汁　大さじ1
　　砂糖　小さじ1
　　コチュジャン　大さじ1/2
　　しょうゆ　少々
ごま油　大さじ1

作り方

① 豆もやしはひげ根を取り（写真）、さっと茹でて水気を切り、Aで和える。
② 大根は4cm長さの細切りにし、ごま油で炒めてCで和える。
③ ほうれん草は茹でて固く絞り、4cm長さに切り、Bで和える。
④ 卵は溶きほぐして塩を加え、錦糸卵にする。
⑤ 器に白飯を盛り、①②③④を彩りよく盛る。

Memo「ナムル」

韓国料理ではお馴染みですが、要するに和えもののこと。塩やごま油で和えるのが一般的です。

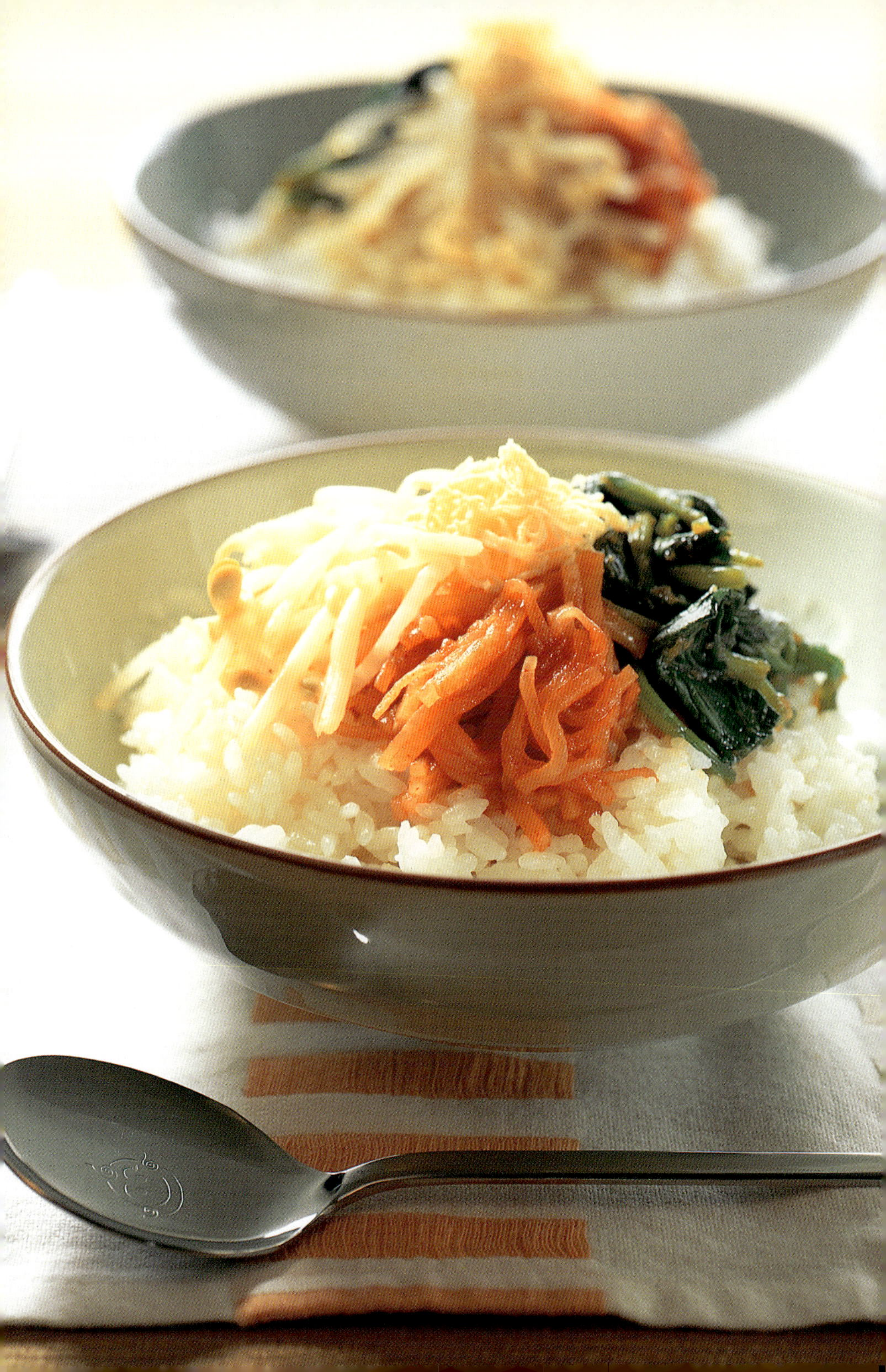

〈米・パスタ・スープ〉──お馴染みメニューもレモン風味でちょっとおしゃれに、さわやかに

レモンリゾット

そら豆の淡い緑がきれいな、優しい味のリゾットです。
レモン果汁を最後に入れて、香り良く仕上げましょう。

材料（4人分）

米　1 1/3カップ
玉ねぎ　1/4個
バター　60g
白ワイン　1/3カップ
ブイヨン　5カップ
そら豆　4さや
レモン果汁　大さじ1
パルミジャーノチーズ（粉末）40g

作り方

① 玉ねぎはみじん切りにする。
② 鍋にバターを熱して①を炒め、しんなりしてきたら米を洗わずにそのまま加え、2〜3分炒めて白ワインを加える。
③ ②に温めたブイヨンを1カップ加え、混ぜながら煮る。残りのブイヨンも少しずつ加えながら煮る（写真）。
④ ③を米の食感がしっかり残るくらいに煮たら、火から下ろしてレモン果汁とチーズを加え、全体を混ぜて皿に盛る。茹でたそら豆をのせる。

Cooking Memo

米をアルデンテに仕上げるため、ブイヨンは少しずつ加えましょう。一度に入れると、おかゆのように芯のない仕上がりになってしまいます。

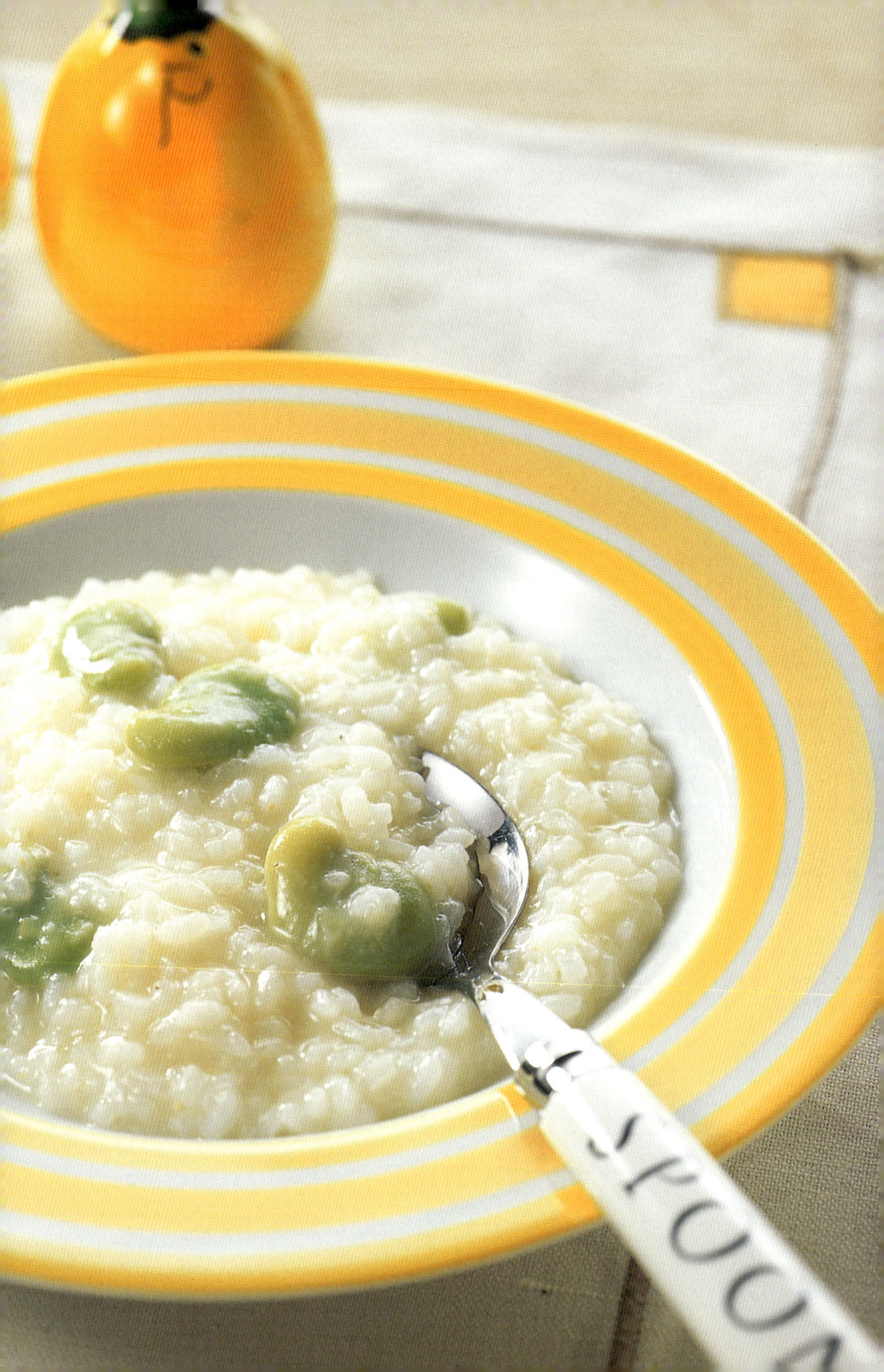

エスニックチャーハン

辛さと甘さ、酸味が融合した、エスニックな味つけのチャーハンです。
カピがなければ、赤みそや塩辛で代用してみましょう。

材料（4人分）

白飯　600g
鶏もも肉　1枚
A┬塩・こしょう・砂糖　各少々
　└小麦粉　大さじ2
小エビ　8尾
塩・酒　各少々
にんにく　1片
玉ねぎ　1/2個
B┬卵　2個
　└塩　少々
サラダ油　大さじ4
C┬カピ（エビ味噌）30g
　├砂糖　小さじ2
　├オイスターソース　小さじ1
　├ナンプラー　小さじ1
　├レモン果汁　大さじ1
　└豆板醤　小さじ1/2
きゅうり　1/2本
レモン果汁　適宜

作り方

① 鶏肉は皮をはぎAで下味をつける。肉は1cm角に切り、皮は低温の油（分量外）でカリッと揚げる。
② 小エビは背ワタを取り、塩と酒で下味をつける。
③ にんにくと玉ねぎはみじん切りにする。
④ フライパンに油を熱し、Bを入れて箸で大きくかき混ぜ、別皿に取る。
⑤ 同じフライパンににんにくを入れ、香りが出たら玉ねぎ・鶏肉・②を加えて炒める。
⑥ Cを加え、香りが立ったら温めた白飯を加え炒め、最後に④を戻し入れる。
⑦ 茶碗で型を作って器に盛り、鶏皮・細切りにしたきゅうりを添える。好みでレモン果汁をかけて食べる。

食材Memo
「ナンプラー」

魚介類に塩を加えて生まれる酵素で、魚介類のタンパク質を分解して旨みを引きだしたタイの調味料。独特の香りと辛さが食欲をそそります。

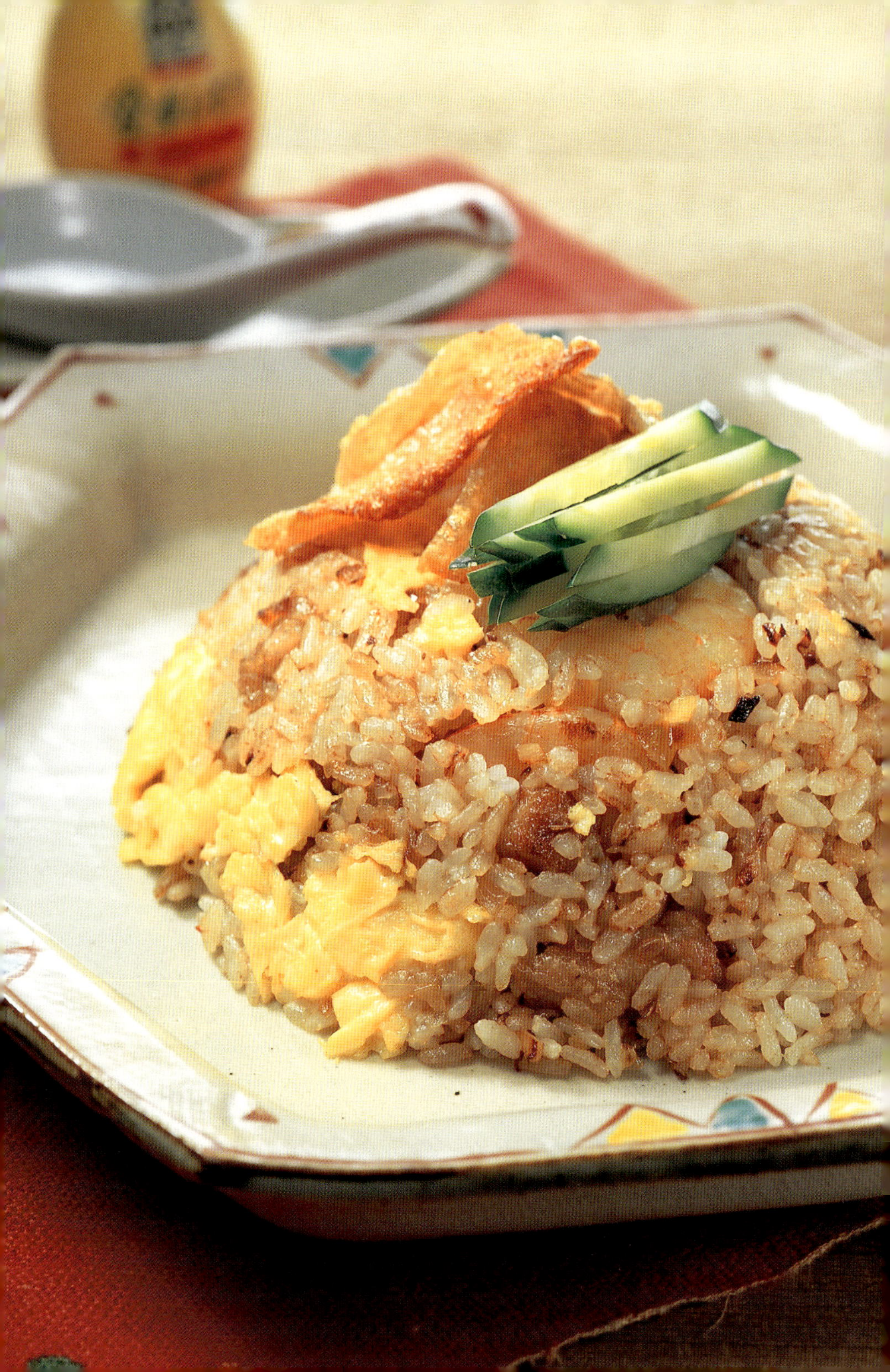

ぶっかけうどん

冷たくしただしをうどんにかけて食べる讃岐名物のぶっかけうどん。ゆずやかぼすの代わりにレモン果汁で、手軽にスッキリとした酸味を取り入れましょう。

材料（4人分）

- レモン　1/2個
- A ┬ レモン果汁　大さじ2
　　├ だし汁　3カップ
　　├ 薄口しょうゆ　大さじ3
　　└ みりん　大さじ1 1/2
- うどん　4玉
- 大根　1/2本
- 万能ねぎ　適宜
- かいわれ大根　適宜
- ラディッシュ　適宜

作り方

① 大根は皮をむき、おろしておく。万能ねぎは小口切りにする。
② Aの調味料をよく混ぜ、ひと煮立ちさせてから冷やしておく。
③ うどんを茹でてどんぶりに盛り、大根おろしとスライスしたレモン、万能ねぎ、かいわれ大根、スライスしたラディッシュを添える。②を上からかけて食べる。

レモンポタージュ

いつものポタージュスープにレモン果汁をプラスして、
酸味とコクを加えましょう。

材料（4人分）

レモン果汁　大さじ2
玉ねぎ　1/2個
じゃがいも　2個
バター　大さじ1
スープ　2カップ
牛乳　1カップ
塩・白こしょう　各少々
ディル　適宜

作り方

① 玉ねぎとじゃがいもは薄切りにして、バターで炒める。
② 鍋に①とスープを加えて煮る。
③ ②をミキサーにかけて、ピューレ状にする。
④ ③に塩・こしょう・牛乳とレモン果汁を加え、器に注ぎディルを飾る。

レモンの活用法あれこれ

　レモンのさわやかな風味は、意外と幅広い料理や食材とよく合います。ここでは、レモン果汁の簡単で便利な活用例を、ほんの少しだけ紹介します。普段の食事やおやつに気軽に加えて、健康をおいしく取り入れましょう。

- 餃子のタレ／お酢の代わりに。
- 焼き肉／牛タンにレモンはお馴染みですが、いつもの焼き肉のタレにレモン果汁をちょっと加えるだけでも、肉の脂っこさが薄れ、後味をスッキリさせます。
- スープ、味噌汁／特に、肉や魚が入ったものに合います。
- チャーハン／脂っこさが口に残りません。
- ラーメン／こってり系のラーメンにレモン果汁をちょっとたらすだけで、さっぱりとした口当たりになります。塩ラーメンにもおすすめ。
- うどん／P68「ぶっかけうどん」でもレモンが活躍していますが、温かいうどんにもレモンはぴったり。立ち上る湯気とともに、豊かな香りが楽しめます。
- じゃこご飯／食欲増進に効果を発揮します。
- ポテトフライ／脂っこさが抑えられるほか、酸味によって、塩やケチャップがあまりなくてもおいしく食べられるので、減塩にも役立ちます。
- カレー／仕上げに隠し味として酸味を加えることで、味に深みとコクが出ます。
- ジャム／P91ではレモンの皮を使った「レモンジャム」を紹介していますが、市販のイチゴジャムやブルーベリージャムにレモン果汁を加えるだけでも、手軽にレモン風味が楽しめます。
- ヨーグルト／砂糖やはちみつだけでなく、レモン果汁を加えると、スッキリとした味に。
- 牛乳／レモン果汁のほか、お好みで砂糖やはちみつを加えれば、牛乳嫌いのお子さんにも飲みやすくなります。
- 生クリーム／レモン果汁を加えると、さっぱり味のサワークリームが簡単。ボルシチやデザートに活躍します。
- ビール／メキシコのビール「コロナ」は、よくレモンを入れて飲みますが、その他のビールにもレモンは好相性。さわやかな飲み口になります。

　このほか、ホットケーキやゼリー、マドレーヌ、クッキーなどにレモン果汁を加えると、レモン風味のおやつが簡単に作れます。

Part 2
レモンが決め手の デザート・ドリンク・ 作り置きの一品

　デザートやドリンク、作り置きの一品は、レモンの得意分野。さっぱり味のデザートや、料理にコクと酸味を加えるバター、お酒があると、食事がよりおいしく、ヘルシーに楽しめます。

〈デザート〉 ── 甘さが口に残らず後味すっきり

レモンたっぷり
レアチーズケーキ

作り方の⑥で合わせる材料の固さを揃えると、なめらかに仕上がります。レモン果汁だけでも作れますが、すりおろした皮を入れたり、レモンの皮を容器にすれば、より一層、レモンの香りと味が楽しめます。

材料（4人分）

- クリームチーズ　75g
- ┌粉ゼラチン　6g
- └水　大さじ3
- 卵黄　1個
- 砂糖　25g
- 牛乳　1/2カップ
- キルシュ　大さじ1/2
- レモン　4個
- レモン果汁　大さじ1
- 生クリーム　1/4カップ
- レモンの皮（すりおろし）　　小さじ1
- ミント　適宜

作り方

① ゼラチンは分量の水に振り入れ、ふやかしておく。
② ボウルに卵黄と砂糖を入れ、白っぽくなるまですり混ぜる。
③ 牛乳を沸騰寸前まで温め、②のボウルに少しずつ加える。さらに①を入れ、一度ザルでこしてから、キルシュ、レモン果汁を加える。
④ 別のボウルに生クリームを入れ、とろりとするまで泡立てる。
⑤ ③のボウルを氷水にあてながら、とろりとするまで混ぜる。
⑥ 別のボウルにクリームチーズを入れ、泡立て器でクリーム状になるまで混ぜ、④⑤を順に加えて混ぜ合わせる。
⑦ レモンは上1/4を切り、中をくりぬく。⑥にレモンの皮を加え混ぜ、レモンの器に流し入れ冷やし固める。ミントを飾る。

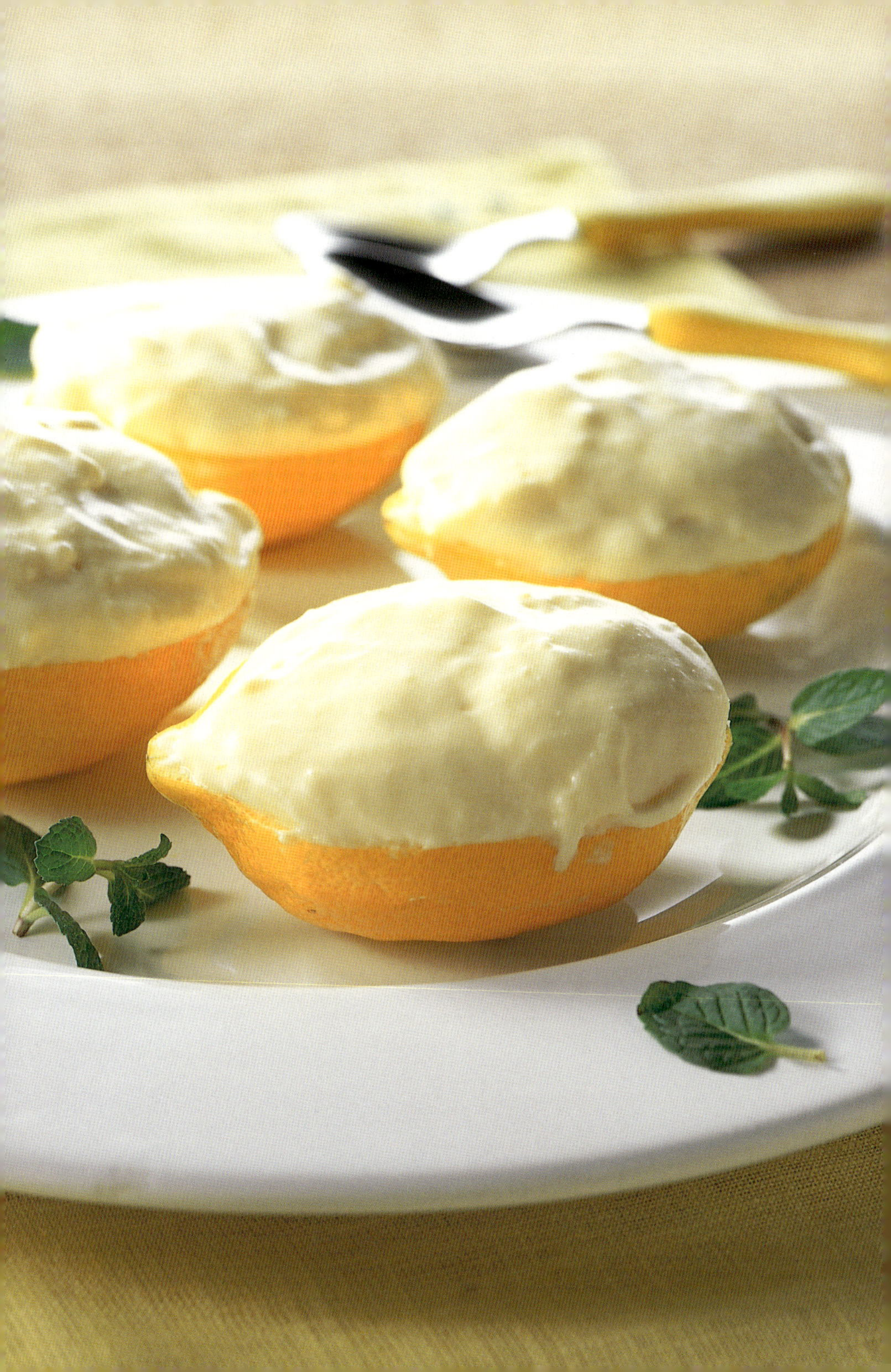

〈デザート〉── 甘さが口に残らず後味すっきり

レモンシフォンケーキ

卵白をしっかり泡立てると、できあがりがふっくらします。レモン果汁はあまり加熱すると風味が損なわれるので、すりおろしたレモンの皮も一緒に使うと一層おいしくできます。

材料（17cm型1個分）

A ─ レモン果汁　1/4カップ
　　└ 水　大さじ2
レモンの皮（すりおろし）1個分
卵黄　2個分
B ─ 砂糖　40g
　　└ サラダ油　大さじ2 1/2
C ─ 薄力粉　80g
　　└ 塩　少々
卵白　4個分
D ─ 砂糖　30g
レモンエッセンス　少々
レモンピール　適宜
チャービル　適宜

作り方

① ボウルに卵黄を入れ、Bの砂糖を3回に分けて加え、泡立て器ですり混ぜる（写真a）。
② ①にサラダ油を加えてよくすり混ぜ、さらにAとレモンエッセンスを加えて混ぜ合わせ、レモンの皮も加える。
③ ②にふるったCを一気に加え、泡立て器で粉っぽさが残らないようによく混ぜる。
④ ボウルに卵白を入れて泡立てる。少しふんわりしてきたら、Dの砂糖の1/3を加え、さらに泡立てる。残りの砂糖も2回に分けて加え、ツノの先端が頭をかしげる程度になるまで泡立てる。
⑤ ③に④をひとすくい加えて（写真b）泡立て器でよく混ぜ、残りの④を加え、ゴムベラで混ぜ合わせる。
⑥ ⑤を型に流し入れ、型の底を軽く叩いて空気を抜いておく。
⑦ 175度に温めておいたオーブンに⑥を入れ、170度で40分焼く。
⑧ ⑦を逆さにして冷まし、型から抜き、皿に盛って、レモンピールとチャービルを飾る。

Cooking Memo

卵白を泡立てる際、1個分の卵白にレモン果汁小さじ1程度を入れると、泡立ちがよくなります。

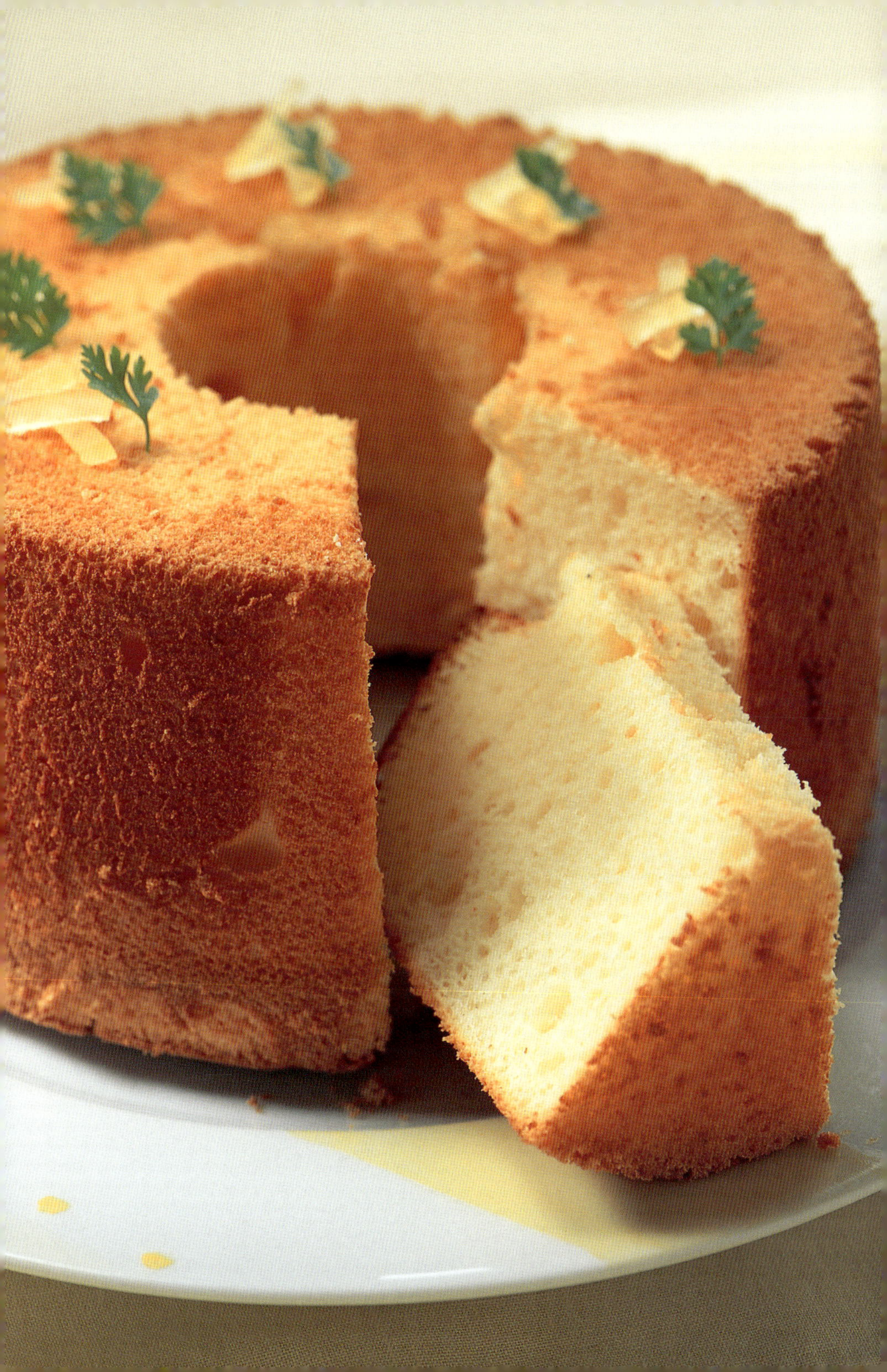

〈デザート〉

レモンスイートポテト

甘さが口に残らず後味すっきり

うらごし器がなければ、さつまいもをビニール袋の中に入れて袋の上から潰し、そのままクリームなどを加えても構いません。

材料（4人分）

さつまいも　600g
砂糖　100g
生クリーム　1/2カップ
バター　50g
卵黄　1 1/2個分
水　1/2カップ
レモン果汁　大さじ3
ピスタチオ　適宜

作り方

① さつまいもは1cm厚さの輪切りにして皮をむき、たっぷりの水にさらしておく。
② 鍋にレモン果汁と砂糖・水・①を入れ、さつまいもに串が通るまで弱火で煮たら、さらに水分がなくなるまで煮る。
③ ②のさつまいもを熱いうちにうらごしし（写真a）、バターを加える。
④ ③の粗熱がとれたら卵黄と生クリームを加え、なめらかにする。
⑤ ④を12等分にし、ボート型に形をととのえる（写真b）。
⑥ ⑤を天板に並べ、卵黄（分量外）を塗り、200度のオーブンで10分間焼色がつくまで焼く。
⑦ 皿に盛り、刻んだピスタチオを散らす。

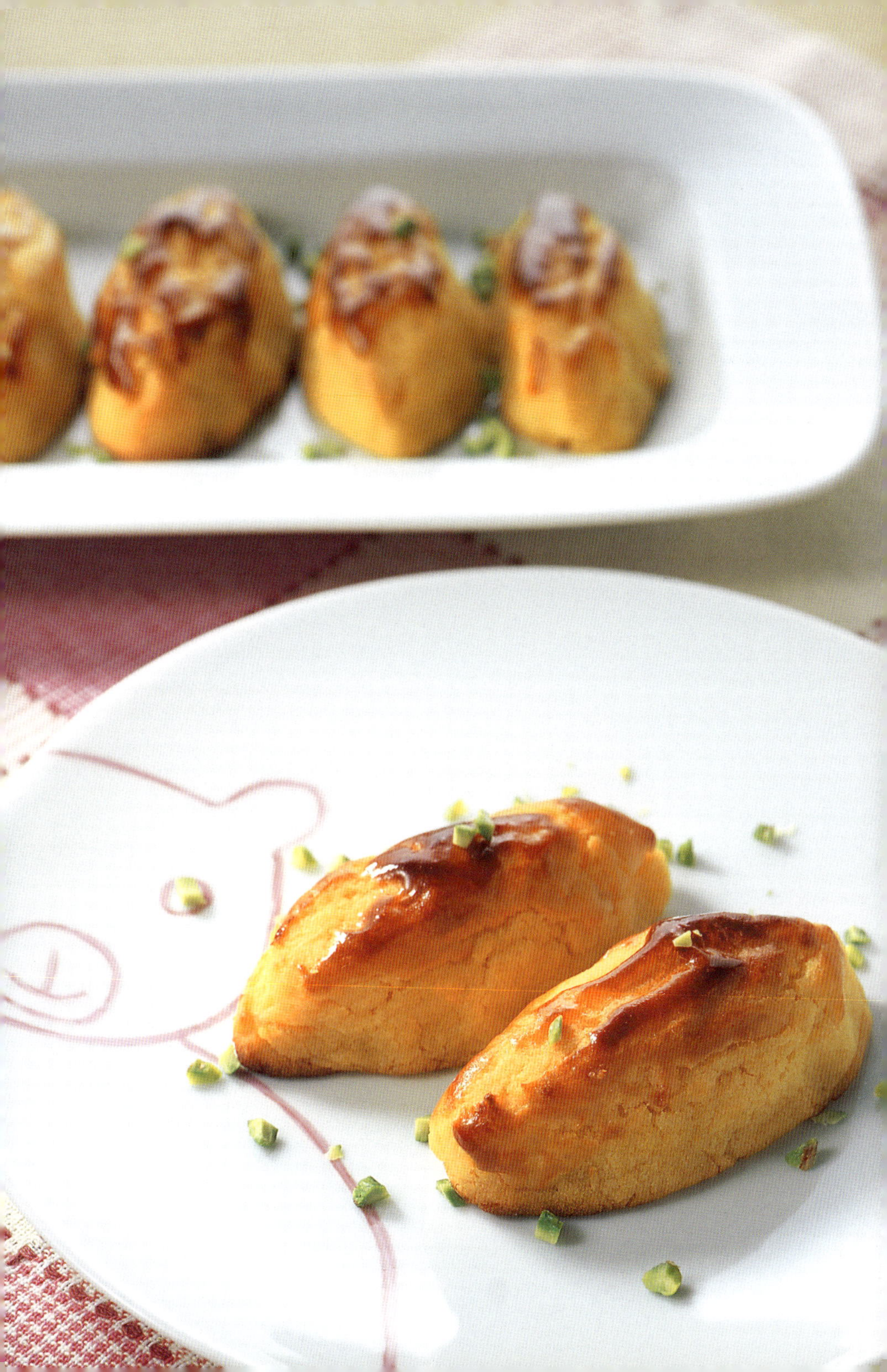

〈デザート〉――甘さが口に残らず後味すっきり

レモンムース ティラミス風

コーヒーリキュールは、ブランデーなどで代用してもいいでしょう。
仕上がりをなめらかにするには、作り方の④⑤⑥の固さを揃えるのがポイントです。

材料（20cm×20cmの器1個分）

- 粉ゼラチン　大さじ3
- 水　大さじ6
- A ┌ 卵黄　2個分
  └ 砂糖　30g
- B ┌ マスカルポーネ　150g
  └ クリームチーズ　50g
- 牛乳　1/2カップ
- レモン果汁　大さじ3
- 卵白　2個分
- 砂糖　20g
- 生クリーム　1/2カップ
- フィンガービスケット　120g
- C ┌ エスプレッソコーヒー　1/2カップ
  └ コーヒーリキュール　大さじ2
- コーヒーパウダー　適宜

作り方

① ゼラチンは分量の水に振り入れ、ふやかしておく。

② ボウルにAを入れ、泡立て器で白っぽくなるまですり混ぜる。常温に戻して柔らかくしたBを加え、さらに混ぜる。

③ 沸騰寸前まで温めた牛乳を、②に少しずつ加える。

④ ①を湯せんにかけて溶かし、③に加えてざるでこし、レモン果汁を加えてボウルを氷水にあてる。

⑤ 生クリームを軽く泡立て、④に合わせる。

⑥ 別のボウルに卵白を泡立てて砂糖を加え、しっかりとしたメレンゲを作り、潰さないように④に加え混ぜる。

⑦ フィンガービスケットにCをたっぷりしみ込ませて器に敷き、その上に⑥を流し入れ、冷蔵庫で冷やし固める。最後にコーヒーパウダーを振る。

〈デザート〉── 甘さが口に残らず後味すっきり

どられもん

レモン風味のどら焼きは、スッキリとした後味で、甘さが口に残りません。

材料（直径6cm×8個）

A ┬ ホットケーキミックス　200g
　├ 卵　1個
　├ 牛乳　1/2カップ
　├ しょうゆ　小さじ1
　├ はちみつ　大さじ1
　├ サラダ油　大さじ2
　├ みりん　大さじ2
　└ レモンの皮（千切り）　1/4個分
レモン果汁　大さじ1
つぶあん　200g

作り方

① ボウルにAを入れ、よく混ぜる。
② ホットプレートを中温に熱し、油（分量外）を薄くひいて①を流し16枚焼く。
③ 鍋にあんとレモン果汁を入れ（写真）、弱火でつやよく練り上げる。
④ ②2枚の間に③を挟み、器に盛る。

レモン杏仁

代表的な中華デザート、杏仁豆腐にも、レモンはよく合います。器に注ぐ前に粗熱をとると、きれいに固まります。アーモンドエッセンスはなくてもOK。

材料（4人分）

A ┬ 牛乳　2カップ
　├ アーモンドプードル　30g
　└ 砂糖　60g

アーモンドエッセンス　少々

┬ 粉ゼラチン　7g
└ 水　大さじ2

B ┬ 水　1カップ
　└ 砂糖　100g

レモン果汁　大さじ2
クコの実　適宜
レモンスライス　2枚

作り方

① ゼラチンは分量の水に振り入れ、ふやかしておく。

② 鍋にAを入れて火にかけ、沸騰したら火から下ろして①を加え、しっかりと溶かす。

③ ②を一度こしてから、アーモンドエッセンスを加えて混ぜ、氷水にあてる。粗熱が取れたら器に注ぎ、冷蔵庫で冷やし固める。

④ 小鍋にBを煮立てて砂糖が溶けたら粗熱を取り、レモン果汁を加え混ぜ、冷蔵庫で冷やす。

⑤ ③の上に④を注ぎ、ぬるま湯で戻したクコの実と、いちょう切りにしたレモンを飾る。

【COLD】

トマトレモンミックスジュース

〈ドリンク〉──冷たいものは清涼感を一層増し、温かいものは体を芯から温める

トマトのクセが苦手な人も、甘みの強いフルーツトマトのミックスジュースなら大丈夫。トマトをトマトジュースで代用したり、リンゴをすりおろして加えれば、より簡単に作れます。夏バテや食欲不振、二日酔いにも効果抜群。

材料（4人分）

レモン果汁　1/4カップ
フルーツトマト　6個
リンゴ　1個

作り方

① トマトは湯むきして4等分に切る。リンゴは皮をむいて4等分に切り、芯を抜く。
② ①をジューサーにかけ、レモン果汁を加え混ぜる。
③ グラスに氷を入れ、②を注ぐ。

Column
長い航海に欠かせなかったレモン

　レモンのパワーが大いに発揮されたのが、18世紀の大航海時代です。植民地を求めて長い航海に出ていた水夫たちは、しばしばビタミンCの不足による壊血病に犯されていました。壊血病は、体がだるく、血管や骨がもろくなる病気で、死に至ることもあります。しかし、レモンやライムのジュースを飲んだ水夫たちは、壊血病にならなかったため、レモンは航海に欠かせないものとなりました。その後、英国では、長期の航海に出る船に、充分な量のレモンやライムを積むことが、公式命令として出されていたそうです。

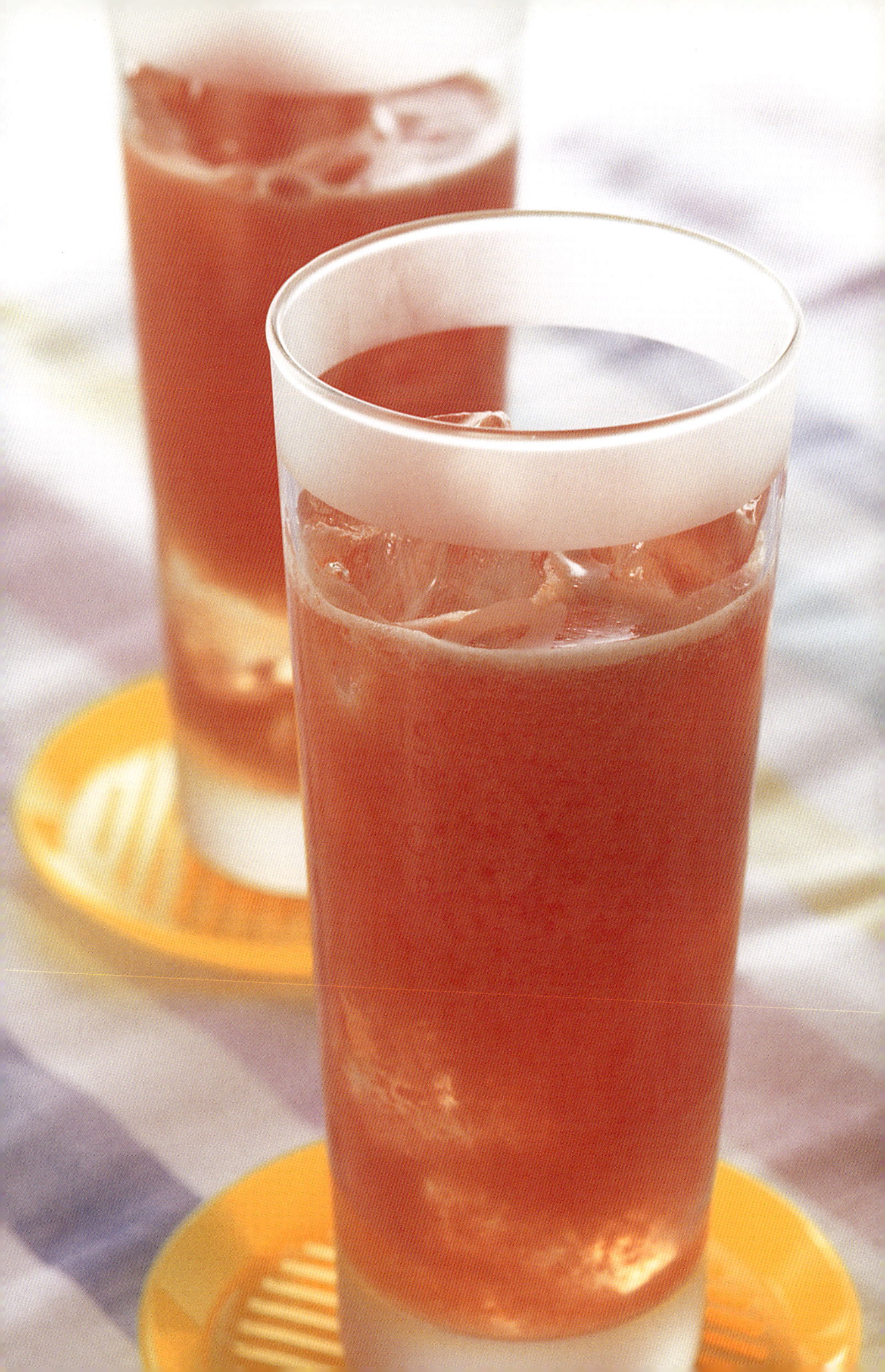

〈ドリンク〉── 冷たいものは清涼感を一層増し、温かいものは体を芯から温める

【COLD】

抹茶レモン

抹茶は最初に少量の湯で溶いてから、その他の材料を加えると、ダマになりません。はちみつで甘さを調節しましょう。

材料（4人分）

A ┌ レモン果汁　1/4カップ
　├ 抹茶　大さじ2
　└ 水　4カップ
はちみつ　適宜

作り方

① Aをよく混ぜ合わせて（写真）冷やし、お好みで、はちみつを加える。

ジュレレモンティー

ゼラチンで冷やし固めたレモンティーは、見た目も涼しげ。
紅茶は濃いめに煮出しておきましょう。

材料（4人分）

紅茶（ティーバッグ）2個
水　3カップ
グラニュー糖　大さじ4
┌粉ゼラチン　8g
└水　大さじ2
レモン果汁　大さじ2
レモン　1/4個
ミントの葉　適宜

作り方

① 鍋に分量の水を入れて湯を沸かし、ティーバッグを入れ、中火で濃いめに煮出してグラニュー糖を加える。
② ゼラチンは分量の水に振り入れ、ふやかしておく。
③ ①に②を加えてしっかりと煮溶かし、一度こす。
④ ③にレモン果汁を加えて混ぜ、バットに流して冷蔵庫で冷やし固める。
⑤ ④をスプーンですくって器に盛り、いちょう切りにしたレモンとミントの葉を飾る。

〈ドリンク〉── 冷たいものは清涼感を一層増し、温かいものは体を芯から温める

【HOT】
ホットレモンジャム割り

P91で紹介しているレモンジャムを利用したドリンクです。
体が温まるうえ、のどにも良いので、風邪のときにもおすすめ。

材料（4人分）

レモン果汁　大さじ4
湯　3カップ
レモンジャム　大さじ4
　　　　　　（P91参照）
レモン　1/2個

作り方

① コップにレモン果汁大さじ1とレモンジャム大さじ1ずつを入れ、湯を注ぐ。
② ①をよく混ぜ、くし形に切ったレモンを添える。

ピンクレモネード ローズヒップ

バラの花びらのお茶、ローズヒップは、香りも良く色もきれい。
紅茶やハーブティーでも代用できますし、レモンとはちみつの代わりに、
はちみつレモンを入れてもおいしくできます。

材料（4人分）

レモン果汁　大さじ2
レモン　1/4個
ローズヒップ　小さじ1
はちみつ　大さじ2
湯　4カップ

作り方

① はちみつとレモン果汁を混ぜ合わせる。
② ティーポットにローズヒップを入れてお湯を注ぎ、1分間蒸らす。
③ ①に②を加え、カップに注ぎ、スライスしたレモンをのせる。

プルーンのレモンティー煮

プルーンを紅茶で煮ると、香りと渋味が加わります。
そのまま食べるのはもちろん、お湯で割って飲むのもおすすめです。

〈作り置き〉── 料理をさわやかに引き立てる

材料（4人分）

プルーン（種なし） 150g
紅茶葉　小さじ1
湯　1 1/2カップ
A ─ 砂糖　大さじ3
　　レモン果汁　大さじ2
　　レモン　スライス2枚

作り方

① 紅茶葉に分量の湯を注ぎ、2〜3分蒸らしてこす。
② 鍋にプルーンと①、Aを入れ、火にかけてひと煮立ちさせる。火を止め、このまま冷ます。

食材Memo「プルーン」

カリウムが多く含まれ、体内のナトリウムを体の外に排出するはたらきがあるので、塩分過多になりがちな人には嬉しい食品です。食物繊維や鉄分、ミネラルも豊富。

手作りカッテージチーズ

手軽に作れるカッテージチーズにレモン果汁を加えて、香り良く仕上げます。
P39「リンゴとアーモンドのパリパリサラダ」で使用。

材料（作りやすい分量）

牛乳　3カップ
レモン果汁　大さじ3

作り方

① 鍋に牛乳を入れて火にかけ、45度に温める。火から下ろし、レモン果汁を回し入れる。
② しばらく置いて、透明な汁と白いかたまりに分離したら、ざるにガーゼを敷いてこす。

Cooking Memo

レモンやレモン果汁が入る料理は、ホーロー鍋の使用をおすすめします。

〈作り置き〉── 料理をさわやかに引き立てる

レモンバター

レモン風味のバターは、脂っこい肉や魚の料理にさわやかな味と香りを添えます。きのこなどのソテーにもおすすめ。P22「ミラノ風カツレツ」で使用。

材料（200g）

レモン果汁　大さじ2
バター　200g

作り方

① バターは室温で柔らかくしておく。
② レモン果汁を①に少しずつ加え混ぜ、ラップにのせて筒状に形を整え（写真）、冷やし固める。

レモンジャム

レモンの皮が余ったら、ジャムを作っておきましょう。パンやクラッカーに塗ってそのまま食べるのはもちろん、お料理やドリンクにも活躍します。P18「豚肉のレモンティー煮」、P86「ホットレモンジャム割り」で使用。

材料（約2カップ）

レモン果汁　1/2カップ
レモンの皮　8個分
砂糖　300g
水　2カップ

作り方

① レモンの皮はよく洗い、中身とワタを取り除き(写真a)、2mm幅の細切りにして水にさらす。
② ①とたっぷりの水(分量外)を鍋に入れ、沸騰したらざるにあげる。
③ 鍋に②と水を入れ、中火で10分間煮る。
④ ③に砂糖を2〜3回に分けて入れ、レモン果汁も加えて弱火で20〜30分、こげないように混ぜながら煮る。
⑤ かき混ぜたときに鍋底が一瞬見えるようになったら(写真b)、火を止めて容器に移す。

Cooking Memo

ジャムやマーマレードがどろりとしているのは、材料に含まれるペクチンという物質がゼリー化しているから。このゼリー化には砂糖と酸が必要なので、酸を多く含むレモンは、ジャムやマーマレード作りには欠かせない素材なのです。

〈作り置き〉――料理をさわやかに引き立てる

はちみつレモン

甘酸っぱいはちみつレモンは、疲労回復にも効果抜群です。保存容器に入れて、冷蔵庫で5日くらい保存可能。P15「鰤のレモンはちみつ照り焼き」で使用。

材料（作りやすい分量）

レモン　2個
はちみつ　1カップ

作り方

① レモンは3mm厚さにスライスする。
② 容器に①を並べ、はちみつをかけて冷蔵庫でひと晩寝かす。

【食べ方】
- そのままデザートとして食べる。
- はちみつレモンに湯を注いで飲む。
- ヨーグルトにのせて食べる。
- 鶏肉にはちみつレモンをのせてしばらく置いた後、焼く。

レモンのお酒

レモンを氷砂糖とホワイトリカーで漬けておくだけで、おいしい果実酒のできあがり。冷たくしても、お湯で割って温かくして飲んでもおいしくいただけます。

材料（作りやすい分量）

レモン　4個
A ┌ 氷砂糖　100g
　 └ ホワイトリカー　4カップ

作り方

① レモン2個は厚めに皮をむいてスライスし、残り2個は皮つきのままスライスする。
② 容器に①とAを入れる（写真）。

Cooking Memo

砂糖が溶け、レモンが沈んできたら飲みごろです。（2〜3週間）

地中海の健康的食生活とレモン

　レモンは原産地である東南アジア周辺から世界各地に普及し、最初は観賞用の植物として使われていました。食材として積極的に利用されるようになったのは、西アジアのアラブ諸国だったといわれ、後に、その料理法がヨーロッパに伝えられたと考えられています。

　地中海沿岸の国々は、温暖な気候と肥沃な大地に恵まれ、農産物の豊かなことで知られています。その食生活は、世界保健機構（WHO）によって「アメリカや日本で問題化している食生活の乱れによって引き起こされる健康問題への答えになるであろう」と、とても理想的なものとして認められているのです。

　しかし、地中海沿岸地域の食生活が優れているのは、恵まれた食材によるものだけではありません。この地域では、オリーブオイルやハーブ、そしてレモンを多用することが特徴です。これらの食材を組み合わせて調理することは、さまざまな食材の栄養成分を効率よく体内に摂り込むのに、大きな役割を果たしているといえるでしょう。

＜編集協力＞
株式会社 ポッカコーポレーション
http://www.pokka.co.jp

レモンを手軽においしく、そして安全に取り入れるために…

　健康に良く、料理に多彩なバリエーションを与えてくれるレモンを、切ったり搾ったりの手間をかけず、いつでも手軽に使えるように、レモン果汁の研究・開発に取り組んでいるポッカコーポレーション。

　原料となる輸入果実はポストハーベスト（収穫後農薬）が気になりますが、たとえば、ポッカ100レモンに使用しているレモンは、収穫後、すぐに搾汁するため、防カビ剤などの心配はありません。さらに、保存料無添加のうえ、使用している香料は、レモンの果皮・果実に含まれるレモンオイルなので、香りも豊か。日本農林規格JAS認定品です。

※レモンオイルは厚生労働省の定める基準に準じて香料と表示しています。

著者紹介

赤堀　博美（あかほり　ひろみ）

日本女子大学・大学院家政学研究科食物栄養学専攻修了。同大学家政学部食物学科で講師を務めながら、フードコーディネーターとしてテレビ番組やCM、食品メーカーのメニュー開発を数多く担当。さらに、赤堀料理学園、赤堀フードコーディネータースクール副校長、管理栄養士として講習会やテレビ番組などで栄養指導を行なっている。著書は「紅茶の味のお菓子」「しっとりシフォンケーキ」（世界文化社）、「子どもが喜ぶお酢すめ料理」「家族にやさしいお肉レシピ」「保温調理でおまかせクッキング」（素朴社）などがある。

編 集 協 力　株式会社　ポッカ コーポレーション
装丁／デザイン　前田　寛
撮　　　影　古島　万理子

レモンさわやかクッキング

2003年5月20日　　第1刷発行

著　者　赤堀　博美
発行者　三浦　信夫
発行所　株式会社　素朴社
　　　〒150-0002　東京都渋谷区渋谷1-20-24
　　　電話：03 (3407) 9688　　FAX：03 (3409) 1286
　　　振替　00150-2-52889
印刷・製本　モリモト印刷株式会社

Ⓒ2003 Hiromi Akahori, Printed in Japan
乱丁・落丁本は、お手数ですが小社宛お送り下さい。送料小社負担にてお取替え致します。
ISBN 4-915513-72-6 C2377　価格はカバーに表示してあります。

心と体の健康のために…

女性のたちの圧倒的支持を受けている「女性専用外来」と頼れる各科の女性医師たちを紹介

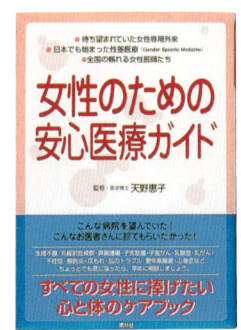

女性のための安心医療ガイド

医学博士 **天野恵子** 監修　　A5判／定価：本体1,400円（税別）

女性のクオリティ・オブ・ライフを考慮に入れた医療に積極的な施設や新しい女性医療を目指す病院・女性医師を紹介する好評のガイド・ブック。

＜主な内容＞
第1章　女性医療、性差に基づく医療とは？
第2章　女性の心と体のこと、各科の先生に聞きました
第3章　「女性専用外来」「性差医療」に取り組み始めた医療機関
第4章　全国の頼れる女性医師たち

ドクター・オボの こころの体操

あなたは自分が好きですか

オボクリニック院長 **於保哲外**

対人関係や社会との関わりは、自分自身をどう見るか、自分をどこまで評価できるかという「自分関係」で決まると著者は語る。「人間を診る」医療を心がけている著者のユニークな理論と療法は、こころと体を元気にしてくれる。

四六判 上製／定価：本体1,500円（税別）

ストレスも不景気も笑い飛ばして生きようやないか！！

関西大学教授／日本笑い学会・会長　**井上　宏**

笑いが心を癒し、病気を治すということ

免疫力を高め、難病まで治してくれる笑いのパワーは、人間を元気にしてくれると同時に社会の毒素をも吹き払ってくれる。閉塞感漂う現代こそ笑いが必要だと著者は語る。　四六判／定価：本体1,300円（税別）